THE GUILFORD
PRACTICAL INTERVENTION
IN THE SCHOOLS SERIES

丛书主编 [美]肯尼思·W. 梅里$

译丛主编 李 丹

学校心理干预实务系列

U0603258

破坏性行为的干预：减少问题行为与塑造适应技能

INTERVENTIONS FOR DISRUPTIVE
BEHAVIORS:

REDUCING PROBLEMS AND BUILDING SKILLS

[美]格雷戈里·A. 法比亚诺 (Gregory A. Fabiano) 著

丁雪辰 程 琛 译

上海教育出版社
SHANGHAI EDUCATIONAL
PUBLISHING HOUSE

献给我的妻子诺拉，感谢她教给我许多实用的行为管理技巧。

献给我的孩子托马斯、朱莉娅和玛丽，在我们尝试各种家庭行为管理方法的过程中与我们斗智斗勇。

关于作者

格雷戈里·A.法比亚诺(Gregory A. Fabiano),博士,美国纽约州立大学布法罗分校教育研究生院教授,主要研究领域为心理咨询、学校心理学和教育心理学。他对破坏性行为障碍开展了一系列循证评估与治疗研究,尤其聚焦于注意缺陷多动障碍。法比亚诺博士曾获得"美国青年科学家与工程师总统奖",该奖项被视为青年科学家的最高殊荣。他还发表和出版超过70篇学术论文及著作章节。

致　谢

　　本书可用于帮助父母、教育工作者和其他致力于为破坏性行为障碍儿童提供支持的人。我十分感激那些设计、评估和检验破坏性行为障碍干预方法的研究人员和临床医师，他们前期大量的工作和努力给本书带来很大启迪。特别要提到的是我大学时期优秀的启蒙老师佩勒姆先生（William E. Pelham），他给我提供了许多机会和指导，这对于我有关学校、家庭和社区环境的实践知识的积累具有重要影响。

　　我还要感谢工作中遇到的众多家庭、教育工作者和儿童，他们共同为本书的撰写提供了宝贵的经验。

总　序

　　"健康不仅是免于疾病或虚弱,而且是身体上、精神上和社会适应上的完美状态。"世界卫生组织对健康的界定具有重要的现实意义,它改变了人们一直以来只强调身体健康的观念,逐渐开始重视身心和谐、心理健康和社会适应。事实上,随着中国社会的变迁,社会经济结构的迅速发展变化,人们感受到越来越大的竞争压力,心理健康问题日益增多;2020 年以来新冠肺炎疫情在全球大范围流行,不仅对社会经济发展造成不可估量的损失,而且给公众特别是未成年人的心理带来巨大的冲击和影响。2019 年底发布的《中国青年发展报告》指出,我国 17 岁以下的儿童青少年中,约3 000 万人受到各种情绪障碍和行为问题的困扰。其中,有 30％的儿童青少年出现过抑郁症状,4.76％～10.9％的儿童青少年出现过不同程度的焦虑障碍,而且青少年抑郁症呈现低龄化趋势。中国科学院心理研究所发布的《中国国民心理健康发展报告(2019—2020)》指出,2020 年中国青少年的抑郁检出率为 24.6％,其中重度抑郁检出率为 7.4％,抑郁症成为当前青少年健康成长的一大威胁。联合国儿童基金会《2021 年世界儿童状况》报告,全球每年有4.58 万名青少年死于自杀,即大约每 11 分钟就有 1 人死于自杀,自杀是 10～19 岁儿童青少年死亡的五大原因之一。在 10～19 岁的儿童青少年中，超过 13％的人患有世界卫生组织定义的精神疾病。

儿童青少年大多是中小学以及大学阶段的学生，他们的心理健康问题和自杀行为的原因极其复杂，除了父母不良的教养方式等家庭环境因素，学校的学业压力、升学压力、同伴压力和校园欺凌以及不同程度的社会隔离等，均可能是影响他们心理健康的重要原因。特别是中小学生处于生命历程的敏感期，他们的发展较大程度上依赖家庭和学校，学校氛围、同伴互动和亲子关系等对他们的大脑发育、心理健康和人格健全至关重要。学生在中小学校园接受必要的知识和技能训练，尤其需要获得来自学校的更多关爱和心理支持。为此，我们推出"学校心理干预实务系列"这个以学校心理干预为核心的系列译丛，介绍国外已被证明行之有效的心理干预经验，借鉴结构清晰、操作性强的心理干预框架、策略和技能，供国内学校心理健康教育工作者参考。

本系列是我们继"心理咨询与治疗系列丛书"之后翻译推出的一套旨在提高学校教师心理干预实务水平的丛书。丛书共选择 8 个主题，每个主题均紧扣学校心理健康教育实际，内容贴合学生的心理需求。这些译本原著精选自吉尔福德出版社（the Guilford Press）出版的"学校心理干预实务系列"（The Guilford Practical Intervention in the Schools Series），其中有 3 本出版于 2008—2010 年，另有 5 本出版于 2014—2017 年。选择这几本原著主要基于三方面的考虑。

　　第一，主题内容丰富。各书的心理干预内容与当前我国学生心理素质培养和促进心理健康紧密关联，既有针对具体心理和行为问题而展开的心理教育、预防和干预，诸如《帮助学生战胜抑郁和焦虑：实用指南（原书第二版）》《破坏性行为的干预：减少问题行为与塑造适应技能》《欺凌的预防与干预：为学校提供可行的策略》和《儿童青少年自杀行为：学校预防、评估和干预》，又有针对学生积极心理培养和积极行为促进的具体举措，诸如《学校中的团体干预：实践者指南》《促进学生的幸福：学校中的积极心理干预》《课堂内的积极行为干预和支持：积极课堂管理指南》和《课堂中的社会与情绪学习：促进心理健康和学业成就》。

　　第二，干预手段多样。有些心理教育方案是本系列中几本书都涉及的，例如社会与情绪学习（social and emotional learning, SEL），其核心在于提供一个框架，干预范围涵盖社会能力训练、积极心理发展、暴力预防、人格教育、人际关系维护、学业成就和心理健康促进等领域，多个主题都将社会与情绪学习框架作为预防教育的基础。针对具体的心理和行为问题，各书又有不同的策略和技术。对心理和行为适应不良并出现较严重心理问题的学生，推荐使用认知治疗和行为治疗技术、家庭治疗策略等，提供转介校外心理咨询服务的指导和精神药物治疗的参考指南；对具有自伤或自杀风险的学生和高危学生，介绍识别、筛选和评估的方法，以及如何进行有效干预，如何对校园自杀进行事后处理等；对出现破坏、敌对和欺凌等违规行为的孩子，包括注意缺陷多动障碍和对立违抗障碍/品行障碍者,采用清晰而又循序渐进的行为管理方式。对于积极品质的培养,更多强调采用积极行为干预和支持(positive behavior interventions and supports,PBIS)方案促进学生的幸福感,该方案提供的策略可用于积极的课堂管理,也可有效促进学生的积极情绪、感恩、希望及目标导向思维、乐观等,帮助学生与朋友、家庭、教育工作者建立积极关系。

第三,实践案例真实。各书的写作基于诸多实践案例分析,例如针对学校和社区中那些正遭受欺凌困扰的真实人群开展研究、研讨、咨询和实践,从社会生态角度提炼出反映欺凌(受欺凌)复杂性的案例。不少案例是对身边真实事件的改编,也有一些是真实的公共事件,对这些案例的提问和思考让学习者很受启迪。此外,学校团体干预侧重解决在学校开展团体辅导可能遇到的各种挑战,包括如何让参与者全身心投入,如何管理小组行为,如何应对危机状况等;同时也提供了不少与父母、学生、教师和临床医生合作的实践案例,学习者通过对实践案例的阅读思考和角色扮演,更好地掌握团体辅导活动的技能和技巧。

本系列的原版书作者大多具有学校心理学、咨询心理学、教育心理学或特殊教育学的专业背景,对写作的主题内容具有丰厚的理论积累和实践经验,不少作者在高等学校从事多年学校心理学和心理健康的教学、研究、教育干预和评估治疗工作,还有一些作者是执业心理咨询师、注册心理师、儿科专家。这些从不同角度入手的学校心理干预著作各具特色,各有千秋,体现了作者学术生涯的积淀和职业生涯的成就。本系列的译者也大都有发展心理学、社会心理学、咨询心理学和特殊教育学的专业背景，主译者大都在高等学校多年从事与本系列主题相关的教学科研工作，熟悉译本的背景知识和理论原理，积累了丰富的教育干预和咨询评估的实践经验。相信本系列的内容将会给教育工作者、学校心理工作者、临床心理工作者、社会工作者、儿童青少年精神科医生以及相关领域的从业人员带来重要的启迪，也会对家长理解孩子的成长烦恼、促进孩子的健全人格有所助益。

本系列主题涉及学校心理健康教育的方方面面，既有严谨扎实的实证研究和理论基础，又有丰富多彩的干预方案和策略技术，可作为各大学心理学系和特殊教育系相关课程的教学用书和参考资料，也可作为各中小学心理教师、班主任、学校管理者或相关从业人员的培训用书，还可作为家庭教育指导的参考读物。本系列是上海师范大学儿童发展与家庭研究中心和心理学系师生合作的成果。本系列的顺利出版得到上海教育出版社的鼎力相助，该出版社谢冬华先生为本系列选题、原版书籍选择给予重要的指导和帮助，在译稿后期的审读和加工过程中，谢冬华先生和徐凤娇女士均付出了辛勤的劳动，在此一并致以真诚的感谢！

译丛主编：李丹

2022 年 7 月 15 日

目 录

我十分确信自己不喜欢这种行为的后果。这个例子清楚地说明，破坏性行为障碍的后果远远超过儿童行为本身，还牵涉老师、同学和家长，因此需要干预。

最近几年，我花了很多时间与当地的一些问题行为管理部门一起工作。尽管这些地区的邻里环境、领导水平、学校环境不同，但对研究团队来说面临的问题非常一致。老师们总是提到那些不遵守纪律、拒绝完成作业、对长辈和同学不礼貌的儿童。这种问题时有发生且一直存在，带来很多烦恼，学校的工作人员也经常抱怨家长没有积极参与学校事务。各个地区关于干预措施的讨论中，对于究竟什么是解决问题的最佳方法一直存在争议。需要注意的是，尽管存在诸多挑战，我仍然被那些真心帮助儿童，以及在班级中激发儿童自身潜能的教育工作者的专业性和奉献精神感动。一个典型的例子就是，我也与那些儿童的家长会面，一点也不意外的是他们仍然在努力寻找解决办法，而且为了改善问题行为作着长久的努力，要知道这样的努力经常始于学前期或更早。在这些经验的基础上，如果有一本关于如何积极有效应对破坏性行为障碍挑战的指南，那么无论是对家长、教育工作者，还是对社区内其他致力于此的人，都是大有裨益的。

我个人对破坏性行为管理的兴趣也逐渐增强，这源于我自1997年开始接触的儿童注意缺陷多动障碍及其关联性破坏性行为领域的一些转变。当时，谈论药物治疗破坏性行为障碍儿童对教育工作者而言是一种禁忌，家长也强烈反对药物治疗，将药物治疗视为"没有办法的办法"。从那之后，情况开始有所变化。如果没有得到药物治疗或家长决定避免药物治疗，那么儿童会被贴上"无药可救"的标签。因为儿童的问题行为太难处理，所以我也曾听到教育工作者告诉家长真的应该带儿童去看医生。在干预过程中，对药物的强调使得家长和教育工作者需要共同努力来促进儿童的健康成长。尽管药物治疗在这里被视为多种干预手段之一（见本书第八章），但本书的目的之一是提供在药物治疗被纳入干预方案之前应优先考虑的手段和策略。

在当代，多层级干预方法得到普遍应用，这种干预方法强调问题解决的框架。这些框架的典型案例包括积极行为干预和支持（positive behavioral interventions and supports，PBIS；Sugai et al.，1999）、响应性干预（response to intervention，RTI；Fletcher，Lyon，Fuchs，& Barnes，2007）。这些框架在区域层面十分有用，因为它们使干预方法系统定型，干预强度层级清晰。然而，教育工作者和实践工作者仍然会感到困惑：在不同水平的行为支持中，到底应该使用什么干预方法？什么才是针对所有水平的儿童的最佳干预方法？本书的目的之一就是给干预实施者提供必要工具，让他们看到预防问题和帮助儿童成长的曙光。

本书的目的

本书试图概述适合有破坏性行为的儿童的辨别方法、环境因素和干预措施。许多已有资源都可以为这个目的服务（如 DuPaul &

Stoner，2004；Lane，Menzies，Bruhn，& Crnobori，2010；Walker，Ramsey，& Gresham，2003）。在资源、评估、策略等方面，本书丰富了以往研究，可以为家庭、学校、社区的实践工作者提供帮助。

在本书中，破坏性行为（disruptive behavior）泛指儿童表现出的与注意缺陷多动障碍、对立违抗障碍和品行障碍相符合的行为。尽管儿童可能会单独表现出以上三类障碍，但实际上许多破坏性行为经常共同发生或伴随发生。这种情况也会出现在学校情境中被诊断为存在"其他健康损害"或"情绪行为失调"的儿童身上。同样，"破坏性行为"这一术语还包含儿童表现出一些不良的但没有达到心理健康问题标准的行为。这一点需要特别强调，因为诊断本身并不作为干预和治疗的参考依据（Angold，Costello，Farmer，Burns，& Erkanli，1999），诊断本身通常不能提供足够的预示信息（如 Mannuzza & Klein，1998），而且诊断并不总能描述需要干预的目标行为。不仅如此，诊断或分类本身不能代表个体在日常生活中面临的困难，或者适应技能需要发展的领域。的确，仅仅清楚地诊断或分类并不能提供问题行为发生的情境信息，这些信息对干预能否有效实施至关重要。因此，本书将采用功能性评估和干预方法（见第二章）。

破坏性行为治疗的背景概述

当儿童表现出破坏、敌对和违规行为时，社会上常见的处理方式是训斥、惩罚和责骂。如果有谁对此表示怀疑，那么可以到杂货店或班级里去看看成人与儿童是如何相处的。你会听到成人说出类似"不准乱跑!""给我停下!""你正在惹我生气!"这样的话,而那些遵守规则、服从命令且态度尊敬的儿童则很少听到成人这样的言语。从小学到中学,如果儿童破坏性行为的水平较低,那么对这类儿童的关注还可能会进一步减弱。正因为这种破坏性行为是外化的,而且很容易被观察到,所以它通常是成人关注的主要目标之一。

这种处理破坏性行为的结果可以通过小故事来说明。这里描述两个孩子。第一个是我的儿子。每个人都说他是一个发展良好的孩子。即使在他两个月大时,日托老师也告诉我们他是一个很好养的婴儿,因为喂奶和睡觉都很乖。儿子上幼儿园时,我和妻子都为他的画而骄傲,我们还将画贴在冰箱上。休息的时候,我们非常喜欢跟他聊每天吃了什么,以及每天与谁一起玩等。当他开始读学前班的时候,令我们骄傲的是他能自己坐校车,还有老师告诉我们关于他在学前班里的积极表现和进步。然而,他上一年级的第一周,老师就告诉我的妻子我们的儿子在休息时间一直说话。这让我感到十分震惊,而且我们俩都为这个负面消息而抓狂。那天在下班回家的路上,我一直在思考如何解决这个问题。当我回到家并告诉妻子没有什么办法时,她不可思议地看着我说道:"你可是儿童心理学专家!"对此我回应说:"但你是孩子的母亲,你总有办法处理。"最终,我们决定让儿子写一份检讨书给老师。你可以想象一下,对一年级学生而言,写检讨书是一件非常令人讨厌的事，因为此时他们的写作还不流畅。为了完成这个写作任务，儿子耗费了 40 分钟，而且在这 40 分钟里他一边写一边流泪。尽管如此，最终他还是写完了检讨书，我们告诉他第二天要把检讨书交给老师并道歉。

第二天对我和妻子而言是相当漫长的一天。我们都在焦急等待儿子从校车上下来，因为我们想知道他这一天过得怎么样。我们都担心他在学校遇到更多麻烦，而且强烈希望他能够尽快恢复在班上的良好行为。下午两点左右我接到妻子的来电，说儿子已经坐校车回家。她说："我问了儿子今天过得怎么样，他说挺好的。当我问起检讨书如何时，儿子告诉我老师非常惊讶，因为老师觉得这并不是什么大不了的事。"好吧，但对我们俩来说这是天大的事！

现在，儿子已经读六年级，尽管他并不完美，但大多数时候都不会带回额外的负面反馈。只有一两次他惹上麻烦或作出糟糕的决定，但是都在我们能处理并纠正的范围内。总体而言，在他的学生生涯中，相对于大量的正面评价和奖状，我们总共只得到三次负面反馈。在这一点上，他的学生生涯基本可以代表大多数儿童在学校环境中的表现——多数中性反馈，夹杂着一些正面反馈，很少有负面反馈。

至此，我已经告诉你一个儿童相当典型的在校经历——会有一点点必要的纠正反馈，但整体上还是偏积极的。现在，让我们来考虑一下破坏性行为障碍儿童，这也是本书探讨的重点。更重要的是，相对于从入学第一天到六年级的整个小学阶段，我们更关注

8 岁破坏性行为障碍儿童面临的挑战。

　　一天通常从父母进卧室叫醒孩子开始(早上 7 点)。对孩子而言,学校一般不是体验成功的地方,因此孩子去学校的动机比较弱,对父母"太阳都晒屁股了,快起床"这话充耳不闻。因此,这一天开始于父母的一个要求(必须承认,这个要求比较模糊),而且遇到孩子的不顺从。在多次尝试无果后,父母最终选择掀被子并义正词严地让孩子起床穿衣(早上 7 点 5 分)。当父母转身去准备自己的事情时,孩子又开始忙于接着玩拼了一半的乐高玩具。如果父母回来发现孩子还穿着睡衣,就会带着怒火命令孩子准备上学(早上 7 点 10 分)。孩子穿衣服时经常穿错或穿得很慢,引发父母更多的穿衣命令(早上 7 点 10 分到 7 点 20 分)。如果前一天晚上孩子没有将鞋子放在前厅,那么又要花费大量时间找鞋子,最后在一个很不寻常的地方(沙发底下)找到鞋子。找鞋子的过程中,父母花费了大量口舌教导孩子把东西放回原处,因为乱扔鞋子的事情经常发生(早上 7 点 20 分到 7 点 25 分)。穿好衣服之后孩子坐下来吃早餐,又因为想拿姐姐正在看的杂志而打翻了一杯橙汁。橙汁弄得满桌子都是,而且滴到椅子上父母的外套上,外套变得黏糊糊的。父母发火了,大吼让他背上书包去坐校车(早上 7 点 30 分)。在去校车站的街角,父母训斥孩子"不要像昨天一样打扰别的小朋友,安分一点就好"。孩子本来因看到同伴而非常兴奋,但发现同伴没有回应,变得很沮丧,并在同伴的父母面前嘲笑别人。父母便训斥孩子,同伴的父母也报以冷眼。最后校车来了,父母生气地说道："车来了，我们就到这里吧。"随后，头也不回地离开了。

虽然这可能会被认为是个糟糕的早晨，但它并未就此结束。在孩子们排队上车时，司机让他停下并说道："听好，我已经受够了你来回乱跑，从这个位子换到那个位子。从现在开始，你给我坐在第一排位子上不许动。"这个位子通常是给幼儿园小朋友坐的，于是其他孩子都坐在后排并开始取笑他（早上 7 点 35 分到 7 点 50 分）。下车时，校车监督员为了防止他乱跑，专门对他说道："你最好给我好好走路！"一般情况下，监督员是喊出每个孩子的名字，欢迎孩子们到校（早上 7 点 50 分）。

随后，他走进教室，他没有和其他同学一样挂好外套并把背包放到指定的位置，而是径直走到教室后面的角落里。那里有一只全班一起养的乌龟，他在那里观察乌龟。就在他被乌龟吸引注意的时候，同学们已经坐好并开始自习（早上 7 点 50 分到 8 点）。这时，老师看到角落里的他，对他说的第一句话就是："为什么你还没准备好？我希望今天的你最好跟昨天不一样，因为我今天完全没有心情处理！"（早上 8 点）

概括来说，在一天的第一个小时，与在学校表现正常的其他孩子相比，这个孩子就与父母、兄弟姐妹、同学、老师和其他成人产生了更多消极互动！除非该儿童行为发生的环境或来龙去脉被承认、辨识和改变，否则是不可能有进步的。因此，我们为破坏性行为障碍儿童规划安排干预（措施）时，这些干预（措施）不会立马甚至数周后产生预期效果，这并不奇怪。的确，在这样长期持续的消极环境里,用图表里的几张贴纸或一次性奖励就想改变破坏性行为是天方夜谭。惩罚同样不起作用,因为整个环境本身就是一种惩罚。在消极的环境里采用惩罚就像火上浇油,只会使情况越来越糟,甚至变得无法控制。需要注意的是,由于人们对儿童和成人的行为有不同的功能解释(见第二章),因此制定"一刀切"的措施不一定会有效。这个典型的儿童案例强调,对破坏性行为障碍儿童的干预需要协同、坚持和积极关注。

破坏性行为出现和维持的理论模型概述

帕特森(Patterson,1982)是研究儿童破坏性行为障碍特点、原因和干预的先驱之一。他在这个领域的重要贡献是,运用社会学习理论提出一个解释家庭环境中破坏性行为障碍如何发展的理论模型。他称这个理论模型为强制性家庭过程(coercive family process),即指儿童的不良行为与家长通过训斥或纠正给予的关注在强化循环中相互影响,并随着时间推移强化不良行为。这样,消极行为的升级是试图推翻父母行为(如惩罚)的后果。

可以通过一个例子来说明强制性家庭过程。想象一下,如果一个女孩不想吃蔬菜,那么会在饭点时抱怨并拒绝吃蔬菜。她的妈妈可能会命令也可能会哄她吃蔬菜,但在反复几次之后就会放弃努力。这样,这个孩子就经历了负强化,因为让她讨厌的吃蔬菜命令消失了。更重要的是,她的妈妈也被负强化了,因为她不用再面对孩子的愤怒行为。然而,下次妈妈再要求孩子吃蔬菜的时候,该场景就会重现，孩子通过抱怨行为来消除这一命令。这一次，她可能不仅仅是抱怨，还会在妈妈叫她吃蔬菜的时候把盘子扔到一边。这时，妈妈可能会加大嗓门重复命令，但是如果妈妈变得温和一点，孩子就会习得增加消极行为可能是影响妈妈行为的一个有效工具。如果我们"快进"多次，不难想象该场景最终会演变成妈妈大吼孩子，而孩子把蔬菜扔到妈妈脸上。这种包含严厉教养方式和儿童极端消极行为在内的非常糟糕的情形是一系列负面亲子互动的顶峰，而且这一现象会强化儿童外显的消极行为和父母的不良教养方式。强制性家庭过程理论模型为提出针对性的有效干预方法提供了基本的指导，下面具体阐述。

破坏性行为障碍的循证治疗

那些致力于帮助破坏性行为障碍儿童的工作者是幸运的，因为有大量实证依据作为干预的参考。下面通过综述儿童破坏性行为障碍、注意缺陷多动障碍和对立违抗障碍/品行障碍的最佳干预（治疗）来讨论最佳实践干预方法。

破坏性行为障碍的治疗

从某种程度上来说，讨论破坏性行为障碍的循证治疗十分"好笑"。毕竟，谁会使用非循证治疗？但是，许多用于破坏性行为障碍的治疗都没有得到实证证据支持，包括个体咨询、学校留级、休学和开除，以及诸如送警察局或监狱以"恐吓孩子守规矩"的"恐吓"干预。

　　显然,强调使用经对照研究审查并受实证证据支持的治疗在破坏性行为障碍治疗领域只有相对很短的历史。在 20 世纪 80 年代末 90 年代初,医学领域开始要求或建议医生采用受实证证据支持的方法。这为心理学和教育学提供了范例,即儿童破坏性行为障碍的治疗受到正式评估,也确认了受实证证据支持的治疗方法(Brestan & Eyberg, 1998；Pelham, Wheeler, & Chronis, 1998)。现在,已经有为儿科医生、精神科医生、教师、消费者准备的专业治疗指导方针,这些指导方针详细综述了支持儿童破坏性行为障碍治疗的科学证据。

　　因此,有必要声明一下本书的定位,即儿童破坏性行为障碍的治疗应该基于有效的研究证据。尽管很难解释清楚受到证据支持的某种干预随着新证据不断增加是否还受证据支持,但相对于没有证据支持的干预,有证据支持的干预就是我们在制定计划时应该选择的。

　　当前,在家庭和学校运用循证治疗实践来管理破坏性行为,已有不少资源可以获取。美国教育部发布了一份很好的教育者指南,描述了在学校使用的最佳实践基本策略(Epstein, Atkins, Cullinan, Kutash, & Weaver, 2008)。这份指南建议扎根海量文献,采用清晰的、循序渐进的行为管理方法。首先,对目标行为进行完善的功能分析；然后,教育工作者应该调整班级环境以促进积极行为的产生(即前因控制,见第五章)；接下来,教师传授新技能以及强化恰当的行为(见第六章)；最后,如果有必要,教育工作者可以采用校级整体策略。

还有一些类似的研究结论。赫米特等人（Hemmeter，Fox，Jack，& Broyles，2007）提出一个适用于儿童早期环境的积极行为支持模型。在这个模型中，基本策略是在整体上强调建立儿童与家庭的紧密关系，这就需要保证儿童与父母的积极互动多于消极互动。不仅如此，在爱泼斯坦及其同事（Epstein et al.，2008）的小学实践指导手册中，调整环境是为了确保班级内的恰当行为最大化。教育工作者还被鼓励传授社会与情绪技能，这对正在学校环境中经历社会化过程的儿童而言尤为重要。最后，对于任何依旧需要个性化积极行为支持策略的儿童，给予持续的支持和干预。

注意缺陷多动障碍的治疗

另一条研究路线是，发现针对儿童注意缺陷多动障碍的有效干预。注意缺陷多动障碍是一种以异常发展的注意缺损、多动和冲动性为主要特征的破坏性行为障碍。这些行为是普遍存在的，意味着在不同场合都会表现出来。不仅如此，它们还长期存在，意味着在个体发展的过程中会持续出现。当前对注意缺陷多动障碍的定义是，从童年期开始持续到青春期以及成年期的毕生的精神疾病（American Academy of Pediatrics，2011）。最重要的是，注意缺陷多动障碍会引起多个生活领域的大量功能损害，例如同伴关系、成人互动关系、学业成就与功能、家庭功能和工作状况（American Psychiatric Association，2013；Fabiano et al.，2006）。

已有多种治疗尝试减少注意缺陷多动障碍的行为和问题。

其中,最常用的干预是刺激性药物治疗(例如利他林、阿德拉、迪西卷、专注达、福卡林)。第八章对这种干预有详细的介绍和讨论。范围更广的潜在干预包含心理治疗或心理社会治疗,例如一对一咨询、家庭治疗、家长训练计划、代币制或其他行为管理计划、社会技能训练、认知行为治疗、锻炼计划、神经反馈、认知训练计划(即工作记忆训练),以及其他治疗方法,如撤除潜在的过敏源、食用色素和糖分,或提供维生素和天然萃取物等补充物。

在这些干预中,非循证干预在数量上远远超过循证干预。一对一咨询从未有过任何证据可以证明它能有效缓解注意缺陷多动障碍。认真思考一下你就会发现这其实很合理——注意缺陷多动障碍儿童在一对一咨询的情况下通常没有任何问题,问题都出现在群体环境中,例如家庭、班级,或有特定行为需求的运动队。更重要的是,注意缺陷多动障碍儿童通常无法认识自己的问题,会高估自己在成功中的贡献,而低估自己在失败中的责任(Owens et al., 2007)。这种归因风格与需要考量自身在困难中发挥的作用的领悟疗法并不相符,尽管这种方法在治疗注意缺陷多动障碍儿童中被普遍推荐和采纳,但它并没有实际的帮助。同样,还有许多针对注意缺陷多动障碍的治疗方法都被证明是无效的或没有得到正式评估,包括生物反馈、游戏治疗、认知训练,以及个体社会技能训练。这些治疗方法都具有局限性,因为它们发生在注意缺陷多动障碍儿童产生困难的典型场景之外。很少有证据可以表明,一对一治疗策略可以有效应用于新场景。而且，尽管许多家长坚信食用色素、糖分或其他食物是导致注意缺陷多动障碍的原因，但经过严格控制的实验反复表明，这些物质并没有对儿童注意缺陷多动障碍产生明确的作用（Wolraich，Wilson，& White，1995），当然某些食物敏感体质的个体除外。

因此，到底怎么治疗注意缺陷多动障碍呢？目前，比较一致的观点是，有三种治疗方法满足循证干预这个先决条件。多篇综述（Fabiano，Schatz，Aloe，Chacko，& Chronis-Tuscano，2015；Pelham et al.，1998；Pelham & Fabiano，2008），包括来自不同研究团队的综述（Evans，Owens，& Bunford，2013）得出结论，认为针对儿童注意缺陷多动障碍的三种干预具有来自设计精良实验的、社会认可的实证证据。这三种干预分别是家长行为训练（见第四章）、学校教师使用的依随性管理流程（见第五章）和教给儿童具体适应技能的训练干预（见第六章）。正因为这三种干预是循证干预，所以是注意缺陷多动障碍个体有效治疗方案的最佳方法，每种干预都有专门章节阐述。

对立违抗障碍／品行障碍的治疗

对于对立违抗障碍/品行障碍，也有循证干预（治疗）的方法。需要注意的是，儿童注意缺陷多动障碍和对立违抗障碍/品行障碍的共病率很高，所以在许多案例中治疗提供者、家长和教育工作者可能要处理代表多种障碍的行为。关于儿童对立违抗障碍/品行障碍最佳实践干预的综述与关于儿童注意缺陷多动障碍的综述得出了类似的结论,至少在心理社会治疗上是这样。系统综述明确支持,家长行为训练干预对儿童对立违抗障碍/品行障碍有效(Eyberg, Nelson, & Boggs, 2008)。艾伯格及其同事(Eyberg et al., 2008)回顾了很多儿童对立违抗障碍/品行障碍的家长行为训练干预,并得出结论:大部分干预都符合有效治疗这些破坏性行为障碍的标准。多数家长行为训练项目不能归入强实证依据干预类别的主要原因是,每个具体的家长行为训练项目缺少独立研究团队进行的多次临床试验。然而,如果从不同角度来看这篇文献,并把治疗简单定义为家长行为训练,现在就有许多研究证实家长行为训练可以有效作用于青少年的破坏性行为。因此,与注意缺陷多动障碍的治疗一样,有明确的证据支持家长行为训练对于对立违抗障碍/品行障碍是一种有效的干预措施。

本章小结和本书概述

第二章描述了使用功能性而非精神病性诊断方法来概念化破坏性行为。第三章回顾了与破坏性行为障碍儿童及其家庭工作(干预或治疗)时适合不同临床目标的评估策略。许多有效的功能性策略可用于应对这些儿童的问题行为。第四章概括了家长可以使用的策略。第五章概括了教育工作者可以使用的策略。第六章综述了教授适应技能的方法。第七章综述了有效促进适应技能发展和使用的训练干预。第八章介绍了治疗破坏性行为障碍的常见

这些类别的划分可以帮助教育者将儿童有效分类,根据儿童的不同类别开展相应的教育。例如,对学校咨询师来说,在咨询前了解儿童所在的年级非常重要,根据受教育水平的不同,所作的准备也会不同。

破坏性行为障碍(disruptive behavior disorders)也常采用分类的策略。《精神障碍诊断与统计手册(第五版)》(*Diagnostic and Statistical Manual of Mental Disorders*,DSM - 5)(American Psychiatric Association,2013)对破坏性行为障碍就有多种诊断分类。在《精神障碍诊断与统计手册(第五版)》中,诊断采用二元分类,要么存在要么不存在。对儿童和青少年的诊断,首先要确定已经存在的症状,这些症状会导致心理社会功能损害,而且临床医生需要确认这些症状不是由其他问题引起的(如病理原因)。大多数诊断需要与家长和教师面谈来确认现有的症状,以及症状对日常生活的影响。在过去的40年里,这种分类诊断方法在儿童心理学和心理健康领域一直占据主导地位。

同时,许多学校系统也对特殊教育安置和服务采取分类诊断方法。传统的手段是,有行为问题的儿童会被建议接受相关的评估,以确定他们是否需要特殊教育服务。这种评估方式通常包括一系列认知和学业成就的评估、与教师和家长的面谈、问卷评估,以及课堂行为观察,旨在确认学生是否因学习功能受损而无法在一般环境中学习,因此需要特殊教育服务、支持和(或)安置。这种分类诊断方法已经在学校广泛使用数十年。

对分类诊断方法的顾虑

尽管分类诊断方法应用广泛,但是近期的研究、公共政策决策,以及儿童与家长的经历都引发对心理健康和学校服务提供这种分类诊断方法的顾虑。原因之一是,分类是一种简单、粗暴的诊断方法,并没有考虑到儿童自身的差异。比如,评估儿童是否需要接受特殊教育的标准之一是,儿童的智力水平和相应的学习能力是否存在足够大的差距。在这种评判标准下,如果儿童的认知能力(如智商)和相应的学业成就(如阅读成绩或数学成绩)的差异在20分以上,则需要接受特殊教育。因此,一个在智力测验中智商达到100的儿童,会因为阅读成绩只有79分而被归入需要接受特殊教育的群体,而阅读成绩达到80分的儿童则不需要接受特殊教育,尽管这一分的差异仅仅意味着阅读评估表中的一两个生词。另一种情况是,如果一个儿童智商高达130,而阅读成绩只得到平均分(如100分),这样大的差异也会使他被归入需要接受特殊教育的范畴,但事实上他并不需要。与此相反,认知能力(如智商82)和学习成绩(如70分)都较低的儿童却因达不到这样的分类标准,而不需要接受特殊教育。

再举一个例子,设想一个儿童由于行为问题被带到儿科医生那里,家长和教师提供了5项(而不是6项)符合注意缺陷多动障碍的症状,虽然这个儿童达不到注意缺陷多动障碍的诊断标准,但他的一些行为仍然需要相应的治疗。如果这个儿童在学校中正经历同伴关系问题,如拒绝、欺凌、社交问题,无法完成期望的课堂任务，以及扰乱课堂秩序和体育活动，我们告诉家长因这个儿童没有达到注意缺陷多动障碍要求的标准（6 项症状）而无法给他提供干预，这将是多么愚蠢，并没有临床研究表明至少 6 项症状是诊断上的分水岭，尤其是当考虑到还有其他可能的标准时（Pelham，Fabiano, & Massetti, 2005）。大部分人都会同意，不管是否达到临床诊断标准，只要有证据表明儿童功能受损，儿童就应获得治疗和干预。这个例子获得研究支持。研究表明，相比于与诊断相关的症状，功能受损更应成为接受治疗的预测因素（Angold et al.，1999）。

分类诊断方式的另一个问题是，分类可能成为从业医生诊断的"捷径"，进而导致可能并不会对所有儿童都有帮助的"放之四海而皆准"的治疗或干预。举个例子，设想一个启发式"如果儿童被诊断为注意缺陷多动障碍，那么他应该接受刺激类药物治疗"；这种捷径式的诊断方法会产生许多恶性影响，如忽视家长和儿童对治疗方式的选择，缩小了可能有帮助的治疗方式的范围，同时也边缘化学校支持的重要性。有时，分类诊断甚至可能产生相反的作用。当地某个治疗机构不接受品行障碍儿童，因为他们通常有攻击行为。临床医生因考虑到诊断结果（品行障碍）可能限制儿童接受治疗的转介机构数量而不愿意将这类儿童诊断为患品行障碍，因此这种分类诊断方法就把这类儿童都归类（诊断）为对立违抗障碍。

也许，当代与上述问题最相关的例子之一是，双相情感障碍在儿童诊断中剧增。双相情感障碍在成人中的诊断标准一百多年前就已制定,它被描述为"一段时间的异常且持续亢奋、弥漫性的或焦躁的情绪,以及异常且持续的目标导向活动或能量增加,至少持续一周且几乎每天大部分时间出现"(American Psychiatric Association,2013,p. 124)。同时,要诊断为双相情感障碍,还需要达到"情绪障碍严重到影响正常的社会和职业功能,或需要住院以防止对自己或他人造成伤害,或有精神病特征"(American Psychiatric Association,2013,p. 124)。在描述严重的精神疾病时,任何在躁狂或重度抑郁患者身边的人都会将其描述为非常严重且极度需要精神科干预,如住院。然而,2000 年开始,许多从业者开始将那些易怒、容易感到挫败、注意力不集中、有冲动行为、过度交谈,以及夜晚很难入睡的儿童诊断为患儿童双相情感障碍。不幸的是,这些症状与注意缺陷多动障碍/对立违抗障碍/品行障碍的症状重合。因此,人们并不清楚这些行为是代表一种特殊的情感状态,还是发展中的破坏性行为障碍的特征。更不幸的是,根据不同的诊断结果,儿童会接受完全不同的治疗。就拿用药来说:被诊断为患注意缺陷多动障碍的儿童会用刺激性药物;被诊断为患对立违抗障碍/品行障碍的儿童不要求吃药,或只要求吃一些减少攻击行为的药物,但这些药并不是美国食品药品监督管理局批准的,如非典型抗精神病药物;被诊断为患双相情感障碍的儿童可能被要求吃碳酸锂或某种调节情绪的药物。这种标签化诊断为治疗提供了启发和捷径,但是缺少一系列对行为、周围环境,以及其他影响因素的功能评估。

分类诊断的最后一个问题是，诊断或分类本身并没有提供针对特定干预方法或组合干预方法的有效信息。而且，"其他健康损害"或"品行障碍"等分类并没有提供描述现有或过去发生的行为及其功能，或其他针对个体的情境特征和最终治疗计划的信息。一个被归入品行障碍范畴的儿童可能非常有攻击性，负面行为极度隐蔽（如撒谎和偷窃），参与许多严重的违规行为（如逃学、离家出走），或同时存在几种甚至全部上述行为。因此，诊断标签能提供给教育者和治疗干预者的信息少之又少。

以上介绍了分类诊断的局限性。但不得不说，分类诊断也有它的好处。这种以分类为导向的诊断方式可以保证治疗，因此深受保险公司的喜爱；每个参与者都可以得到适当的分类，因此在科学研究中应用广泛；学校通常使用这些分类标签以保证学生得到适当的服务和转诊。同时，要强调的是，这种诊断过程包括总结性诊断，有时也给那些因儿童破坏性行为而承受压力和挑战的家长带来了宽慰。但是，除了这些因素，分类诊断并没有给治疗机构提供更多益处。儿童心理学和教育背景下的诊断评估应更关注破坏性行为的形成性因素而非总结性因素，而以分类为导向的总结性评估方式给现阶段的诊断方式带来了严重的局限。基于此，我想提供这个领域提倡和应用的其他方法，也为第三章抛砖引玉。

功能评估的优势

行为功能评估和干预框架有很多优势。斯科蒂等人（Scotti，

Morris，McNeil，& Hawkins，1996)很好地描述了行为功能评估
(functional assessment)的特点,阐明了上述分类诊断的一些局
限,同时介绍了行为功能评估的优点和应用价值。对于破坏性行
为障碍,即便一个儿童因某种特定的症状(例如经常生气和发怒,
违抗或拒绝服从大人的指示或规则,故意惹怒他人)而被诊断为患
对立违抗障碍,临床医生仍然无法得到任何行为信息。诊断收集
的数据并没有为临床医生提供关于儿童的特定行为是在何种情境
下、和谁一起或针对谁发生的,问题行为的过往情形,行为发生后
使之减弱或持续的潜在前因和后果,临床医生需要为儿童和家庭
培养何种能力,以及现有的优势区域等信息。如此,临床医生不仅
在诊断过程中花费了许多时间,而且需要再花费一定时间来报告
治疗计划。同时,无论诊断结果是单一病症还是多种病症,都无法
帮助临床医生确定哪种干预方法合适。教育工作者可能得到相
同的结论,不管儿童被诊断为患其他健康损害、情绪行为失调,
还是学习障碍,这些分类标签缺乏对临床实践真正有帮助的信
息,使得教育工作者无法根据诊断结果对不同患者进行有针对
性的教育和帮助,从而无法提供个性化的行为干预方法来支持
儿童的行为和学习,最终无法为儿童社会和学业功能的发展创
造合适的环境。

现在介绍一个应用响应性干预方法的例子。尽管这种方法仍
然采用分类的概念,但它的目标是将二分诊断系统(如普通教育或
特殊教育)扩展到多层级系统(如层级1,层级2,层级3)。而且,和

特殊教育系统一致,层级 1 和层级 2 在层级 3 之前。如此,学校可以从单一的分类标准转向更注重儿童需求的多重干预方式(如 Fletcher et al.，2007)。

相比于传统的分类系统,美国官方也开始推崇连续的、维度化的行为描述。美国国家心理健康研究所(National Institute of Mental Health，2014)推出研究领域标准(research domain criteria，RDoC)。研究领域标准的推出是为了在传统《精神障碍诊断与统计手册》的分类基础上提供另一种选择,它将心理疾病在行为连续体维度上进行类别划分,并整合神经生物学的方法。研究领域标准方法以研究基础过程为起点,如儿童如何处理社会信息,奖励如何影响行为,记忆如何储存和应用。它整合的基础研究包括遗传学和潜在生理过程,如神经递质活动和大脑功能研究,以及它们如何影响外显行为。总体而言,这些基础研究为解释问题行为的潜在机制提供了信息。接下来,这些机制可以在传统诊断类别中加以研究,使研究样本更加同质化,从而在多个领域得到更加精确的答案,这些领域包括发展精神病理学、治疗的发展和反应,以及干预措施。

这种针对目标行为的形成性评估分类方法并不新鲜。如果你读过《应用行为分析杂志》(*Journal of Applied Behavior Analysis*),就会发现其中有很多关于破坏性行为障碍儿童的干预文章,它们很少对问题行为进行诊断分类,而是从性质、频率和种类上详细描述。这要归功于帕特森的先驱性成果。在他早期为破坏性行为障碍儿童的家长提供的行为训练中,没有《精神障碍诊断与统计手册》,没有为诊断准备的冗长的结构化面谈,没有心理学家的长期评估,也没有分析是否有问题行为经历的神经心理测验。他只是治疗目标行为,而这也是家长来这里寻求帮助的首要原因。在帕特森的早期著作(Patterson,1975a)中,家长通常因为儿童"频繁的攻击性行为"(p. 304)来寻求治疗。报告中包含一张表,里面描述了各种问题行为,从"撒谎、和兄弟姐妹打架、偷窃、发脾气、犟嘴",到"脾气火暴、不在乎别人、尿床、大小便失禁",再到"打架、不听话、极度活跃、吵闹、厌食、失眠、眩晕"(Patterson,1975a,p. 315),这些症状是注意缺陷多动障碍、对立违抗障碍、品行障碍甚至是情绪障碍的潜在特征。但是,对这些问题行为进行有效治疗并不需要结构化的面谈和精神障碍诊断,因为这些临床上丰富的描述清晰且明确地指出了需要治疗的目标行为。很重要的是,这些功能评估与治疗计划是一体的。也就是说,在分析行为时也在为临床工作者或教育工作者确定干预目标。在另一个例子中,威特和埃利奥特(Witt & Elliott,1982)曾有效改善了三名儿童的行为,老师说"他们是班里问题行为最严重的学生"。尽管我们不知道是何种问题行为使得老师如此担忧,但显而易见的是,这三名儿童的行为对老师上课造成困扰(在老师的介绍中可以了解到,每名儿童至少在某一情境中被要求停课),而且治疗目标是改善他们在课堂环境中的表现。由于干预目标聚焦于一个社会性的场景——违反课堂规则,因此我们不需要对儿童进行特别的诊断。

功能评估：另一种方法

前面概述了二元分类方法的局限。正如第三章将进一步讨论的，我们推荐功能评估方法。这种方法试图找出问题行为为什么会出现（问题行为的功能），以及是什么原因使它维持（问题行为的前因后果）。功能评估基本上就是试图发现为什么儿童会持续出现某一问题行为：从儿童的立场出发，某种行为的出现一定有它的意义（某种原因），否则就不会出现，更不会持续出现。举一个显而易见的例子，设想一个不喜欢做数学题的儿童。在数学课堂上，他站起来推倒桌子，于是立即被送到校长室。很多儿童都不喜欢做数学题，但对有些儿童来讲，他们宁愿接受其他恶性后果也不愿意做数学题。如果可以避免做数学题，他们推倒桌子的这种问题行为就可以解释了。也就是说，如果儿童的目标是免于做数学题，那么他的这种问题行为是非常有效的！与短期内逃避极度讨厌的任务相比，这种问题行为的长期后果，比如受到校长和家长的批评，对这类儿童而言并没有那么重要。

现在，让我们回到第一章的例子，问题行为儿童开始上学。在整个故事中，我们将可能解释问题行为的原因在括号中通过加粗字体标出。

一天通常从父母进卧室叫醒孩子开始（早上 7 点）。对孩子而言，学校一般不是体验成功的地方，因此孩子去学校的动机比较弱，对父母"太阳都晒屁股了，快起床"这话充耳不闻

(回避)。因此,这一天开始于父母的一个要求(**必须承认,这个要求比较模糊**),而且遇到孩子的不顺从。在多次尝试无果后,父母最终选择掀被子并义正词严地让孩子起床穿衣(早上7点5分)。当父母转身去准备自己的事情时,孩子又开始忙于接着玩拼了一半的乐高玩具(回避——**穿衣服是件乏味的事情**)。如果父母回来发现孩子还穿着睡衣,就会带着怒火命令孩子准备上学(早上7点10分)。孩子穿衣服时经常穿错或穿得很慢,引发父母更多的穿衣命令(早上7点10分到7点20分)(回避那些需要集中注意力和需要计划或组织的任务)。如果前一天晚上孩子没有将鞋子放在前厅,那么又要花费大量时间找鞋子,最后在一个很不寻常的地方(沙发底下)找到鞋子(回避那些需要集中注意力的任务,缺乏收好鞋子的组织技能)。找鞋子的过程中,父母花费了大量口舌教导孩子把东西放回原处,因为乱扔鞋子的事情经常发生(早上7点20分到7点25分)。穿好衣服之后孩子坐下来吃早餐,又因为想拿姐姐正在看的杂志而打翻了一杯橙汁。橙汁弄得满桌子都是,而且滴到椅子上父母的外套上,外套变得黏糊糊的(试图拿到某物/得到注意)。父母发火了,大吼让他背上书包去坐校车(早上7点30分)。在去校车站的街角,父母训斥孩子"不要像昨天一样打扰别的小朋友,安分一点就好"。孩子本来因看到同伴而非常兴奋,但发现同伴没有回应,变得很沮丧,并在同伴的父母面前嘲笑别人。父母便训斥孩子,同伴的父母也报以冷眼（试图得到注意）。最后校车来了，父母生气地说道："车来了，我们就到这里吧。"随后，头也不回地离开了（早上7点35分）……随后，他走进教室，他没有和其他同学一样挂好外套并把背包放到指定的位置，而是径直走到教室后面的角落里。那里有一只全班一起养的乌龟，他在那里观察乌龟（回避课堂任务）。就在他被乌龟吸引注意的时候，同学们已经坐好并开始自习（早上7点50分到8点）。这时，老师看到角落里的他，对他说的第一句话就是："为什么你还没准备好？我希望今天的你最好跟昨天不一样，因为我今天完全没有心情处理！"（早上8点）

正如前面所描述的，问题行为有多种可能的功能（产生原因），在这个例子中，经常出现的原因是想逃脱或回避无聊、冗长的任务，试图引起大人和同伴的注意，以及试图拿一些物品。当然，我们可以根据这些症状进行精神障碍的分类诊断（如注意缺陷多动障碍、对立违抗障碍），但是很显然，与行为产生的原因相比，这些症状并不能给临床医生提供有效的帮助。最终，治疗专业人员需要找出那些在儿童眼中"行得通"的行为。一旦找到这些行为，就更有可能对儿童进行有效的干预和治疗。

为了给儿童提供有效的支持和干预，高效的治疗方案必定包含处理所有这些假设功能的部分。而且，很显然，功能随环境（背景）变化——面对无聊或冗长的任务时，儿童问题行为的功能主要表现为逃脱/回避;在与同伴共处的社会情境下,儿童问题行为的功能更多表现为引起他人注意。治疗方案需要包括处理问题行为所有功能的方法或手段,或者处理某一特定情境下错误功能的方法,如此才能更好地处理转介问题。因此,正如第三章要讲的,全面的功能行为评估是找到有效治疗儿童破坏性行为障碍的重要手段。

本章小结

本章概述了现阶段流行的破坏性行为分类诊断标准的弊端和功能评估的优势。需要强调的是,这里提出重视收集信息和方法以促进有效治疗而不强调诊断结果的观点,希望能够引起实践工作者的共鸣,因为他们的工作并不是识别障碍,而是治疗障碍。基于本章介绍的功能性诊断方法,第三章将着重讲述可以有效整合治疗和促进疗程监控的评估方法。

在本书强调的功能评估框架里,儿童注意缺陷多动障碍、对立违抗障碍和品行障碍的循证评估(evidence-based assessment)得到展现和回顾。回顾这些评估测量方法十分重要,读者要记住这些评估的目的,因为不同的评估目的需要使用特定的工具。马什和亨斯利(Mash & Hunsley,2005)很好地概述了适合儿童的不同评估目的,包括诊断、案例设计、筛查、预测、治疗计划的制定、过程监控和治疗结果的评定。这些主要的评估目的也适用于破坏性行为障碍。最后,讨论有关破坏性行为障碍评估的重点、发展注意事项,以及特定群体评估的特别注意事项的一些意见。

评估目的

在探讨某种有证据支持的破坏性行为障碍的评估方案之前,非常有必要先综述评估目的。这是因为,特定的评估工具必须与评估目的相吻合。工具与目的不一致会导致评估结论混乱或不准确。一项关于注意缺陷多动障碍心理治疗结果的元分析已经重点阐述这个问题（Fabiano，Schatz，Aloe，Chacko，& Chronis-Tuscano，2015）。元分析就是把特定主题的研究汇聚到一起并把这些研究的结果汇总，最终得出一般性的结论。关于注意缺陷多动障碍的治疗结果已经有许多元分析，而法比亚诺及其同事的这项元分析涵盖了大部分研究。注意缺陷多动障碍治疗结果的元分析表明，这些研究的效应量差异极大。一些元分析报告，心理社会治疗对于注意缺陷多动障碍儿童是有害的（即控制组儿童比实验组儿童具有更好的发展结果）；另一些元分析报告，心理社会治疗具有良好的疗效。对这种情况的一种解释就是，积极的结果大多来自那些聚焦于特定目标行为（例如社会功能、注意缺陷多动障碍损害）的元分析，而消极的结果大多来自关注注意缺陷多动障碍的非常见目标或非核心损害（如智力、学业成绩、内化行为问题）的元分析。

在注意缺陷多动障碍多模式治疗研究（multimodal treatment study for ADHD，MTA）（MTA Cooperative Group，1999）中也出现了相似的结果：注意缺陷多动障碍儿童并没有在心理社会治疗中表现出与控制组的区别，但在教养方式上出现了差异。这些例子凸显了干预方法与治疗目标、治疗预期结果相一致的重要性。例如，在一项针对注意缺陷多动障碍儿童的每日报告卡片（Daily Report Cards）研究中，研究者发现对班级行为和学术生产力具有显著效应，而对阅读成绩或数学成绩没有显著效应（Fabiano et al.，2010）。由于每日报告卡片干预的本质主要是修正破坏性行为和促进学习行为，因此上述结果是意料之中的；可能需要额外的干预措施来促进学术内容领域的学习，以便在这个功能领域获得成效。然而，如果评估只考虑学习成绩，那么行为收益可能会被忽略。尽管这个例子已经很明显，但把它与当前使用的在某学年实施的一次关键的成就测验（通过这次测验确定教师的能力和学生的知识水平）相比，我们或许可以开启关于评估目的与评估工具不匹配问题的新篇章。

形成性评估与总结性评估的区分

需要注意的是，评估主要分为形成性评估和总结性评估。形成性评估（formative assessment）反映了对结构的测量，为功能性分析、治疗计划、治疗修正、教育工作者或家长与儿童持续互动的方法提供信息，也有助于为制定、修改和评估治疗计划的参与者提供信息。总结性评估（summative assessment）代表整体评估，它更像一种"黑白分明"的评估，提供最终的、整体的进展情况。儿童接受每日测验以检验自身的理解情况，这属于形成性评估；期末考试则是一种总结性评估。

再举一个例子，对幼儿园班级来说，形成性评估包含每周进行的学习测验，例如儿童能认识多少字和分辨多少声音。在这种评估结果的基础上，如果儿童需要帮助，教师可以调整目标领域的指导方式。如果换成总结性评估，幼儿园将会实施学年末的语文测验以确定儿童是否适合升学。这两种评估的目的完全不同，但很明确的是，形成性评估可以让教师使用从测量中收集的数据调整教学实践，而总结性评估在某种程度上与教师和学生无关，纯粹是为了评估。我们来看一个行为案例，办公室违纪转介（office discipline referrals，ODRs)可以作为形成性评估来衡量校纪校规是否有效,转介的地点、年级和时间可以为干预工作和计划修改提供信息。总结性评估可能包含一个关于暴力和欺凌行为发生数量的年末权威报告。尽管形成性评估和总结性评估测量的内容相似,但它们测量的目的不同。如果使用形成性评估去达成总结性评估的目的,或者使用总结性评估去达成形成性评估的目的,就会很容易造成结果解释的困难,甚至可能依据当前信息作出错误的决策。

正因为本书十分强调功能性结果、持续收集数据并提供进展反馈、修正治疗计划或测量方法,以及指引接下来的方向,所以形成性评估比总结性评估更常出现。如果教育工作者发现总结性评估出现的频率更高,或者只有这种评估方法,就需要审查一下当前的测量计划并确保它与目标保持一致。在使用中确保形成性评估与目标一致也很重要,由于没有随着时间的推移加以整合,因此严格记录并放在档案柜中的办公室违纪转介不能使学校管理者有效分析这些数据,以改善学校功能。不仅如此,尽管总结性评估在评估计划中经常被强调,但关于行为的评估我们还是建议重视全校范围的形成性评估。接下来分别综述并评价形成性评估和总结性评估。此外,我们也会推荐针对学校内破坏性行为的整合评估方案。

破坏性行为障碍的循证评估

有一系列评估方法可识别和诊断破坏性行为障碍(包含注意缺陷多动障碍、对立违抗障碍和品行障碍)。大部分评估方法都需要评分，提供代表这些症状的严重程度的信息，或特定行为是否在某些场景中更明显。相对而言，很少有工具专门评估功能问题、治疗计划和监控。以下综述旨在为破坏性行为障碍提供切实可行的建议，有兴趣的读者可以参考有关注意缺陷多动障碍的评估综述以获取更详尽的方法介绍（Barkley，2015；Collett，Ohan，& Meyers，2003a，2003b；Johnston & Mah，2008；Pelham et al.，2005）。

注意缺陷多动障碍的评估主要聚焦于患者的典型行为（如容易分心、容易冲动、很难维持注意力等），而一般破坏性行为障碍量表多聚焦于特定的行为问题。艾伯格儿童行为问卷（Eyberg Child Behavior Inventory）（Robinson，Eyberg，& Ross，1980）是一个常用于评估一般破坏性行为障碍的工具，包括发脾气、不听话、打架等行为，而注意缺陷多动障碍评估量表通常包含《精神障碍诊断与统计手册》中列出的有关注意缺陷多动障碍的症状（Pelham，Gnagy，Greenslade，& Milich，1992）。与本书提倡的实用评估和干预方案一致，我们强调破坏性行为障碍评估量表，而相对忽略与特定症状有关的评估量表。决定是否应该为注意缺陷多动障碍使用药物的临床医生会重视注意缺陷多动障碍评估量表，但给儿童提供积极行为支持的教育工作者和家长如果使用症状评估量表，那么仍需要相应数据来制定干预或治疗计划。这是因为坐立不安、容易受到外在刺激的影响而分心、玩耍的时候喜欢吵闹等行为并不是治疗的典型对象，它们既没有表面效度也没有社会效度。减少违抗行为，减少对同伴和兄弟姐妹的嘲笑行为，完成指定作业是治疗中更可能强调的目标。因此，在以下有关具体评估的综述中，我们会突出强调与评估的功能重点一致的实用测量。

筛查

破坏性行为障碍领域的专家开始通过系统的筛查技术来辨识破坏性行为障碍，这是过去 50 年里最重要的进展（Walker，2015）。筛查（screening）可以达成很多目标，包括预防更严重的破坏性行为或情绪问题，允许有效实施低强度的预防性干预措施，为决策者（如校长、教师、学校心理咨询师）提供可用的信息。最后一点是对学校层面积极行为支持最重要的贡献。全校信息系统（school-wide information system）是积极行为干预和支持（positive behavior interventions and supports，PBIS）框架中学校使用的一种评估方法，它提供学校里教师和其他人使用该系统的程度的信息，违规行为发生的信息（谁、地点、时间、哪个年级、哪个班），以及跨情境的问题行为地形图。这些信息有利于干预的实施。例如，如果 75％的学校违规行为或办公室违纪转介来自二年级，那么专业的支持应该集中于这一年级及其教师。如果大部分的班级外问题行为来自餐厅，那么需要在这个场合实施相应的干预措施（见 Fabiano et al.，2008）。如果缺乏系统的筛查，那么干预难以实施。

系统筛查也可以解决发生在学校里的办公室违纪转介问题。正如上文所述，如果不经过系统筛查，那么办公室违纪转介的使用和评估会非常不一致。一些教师从不把儿童叫到办公室，除非儿童有特别严重的违规，因为他们希望在教室里维持纪律。另一个极端就是，即使很小的行为问题，教师也会把儿童叫到办公室。在这两类教师的行为之间还有很多中间状态，它们存在一些量上的差异。导致办公室违纪转介的解释更为复杂的因素包括，一些教师在整个学年里或不同行为上的评估并不能保持一致，而是依据儿童或情境变化。因此，根据办公室违纪转介数据制定全校范围内的行为干预措施的管理者将会不知所措（这还是在假设数据已经进入数据库，而且数据库可以被操作和计算的情况下；根据我们的经验，数据通常都被记录在笔记本上，而笔记本都被放在书桌或办公室的储物柜里）。

幸运的是，全校信息系统减少了办公室违纪转介数据带来的局限。首先，关于违纪和积极行为支持的数据是在全校范围内收集的。其次，系统是电脑中标准化的程序，可以迅速且精准地提供和计算数据，还能从不同视角（如不同学校、不同年级、不同班级、不同时间等）提供结果。最后，数据收集方式在不同学年保持一致，允许在某个学年或连续几年里查看数据收集方式。正因为数据收集是标准化的，所以当负责监督和管理系统的学校领导出现失误时，也可以降低不一致性。

筛查系统也可以包括教师或家长评估。评估者有许多可行的方法来报告学生的行为。表3-1列出了教师常用的筛查学生破坏性行为的方法。值得注意的是，表3-1中关于筛查的内容并不完整，只提供了一个供实践工作者选择的粗略概述。表3-1中列出的筛查方法都具有较好的信度和效度指标，学校实践工作者可以依据各自的需要和偏好合理地选择其中任何一种筛查方法。

表 3-1 学校适用的筛查破坏性行为障碍或破坏性倾向的方法

名　称	目标对象的年龄/年级	出版商网站	项目数量	评估领域	得　分
长处与困难问卷 (Strengths and Difficulties Questionnaire) (Goodman, 1997, 2001; Goodman & Goodman, 2009)	3~18 岁	http://sdqinfo.org	25	情绪症状;品行问题;多动/注意力不集中;同伴关系问题;亲社会行为;总分	五个领域的测量结果和总体得分;没有可用的规范信息
行为和情绪筛查系统 (Behavioral and Emotional Screening System) (Kamphaus & Reynold, 2007)	3~18 岁	www.pearsonclinical.com	25	单项总分;识别过度消极或不一致评价反应的效度指标	可用规范;美国总人口的 T 分数和百分位数
社会、学业和情绪行为风险筛查(Social, Academic, and Emotional Behavior Risk Screener) (Kilgus, Chafouleas, & Riley-Tillman, 2013)	幼儿园到十二年级	http://ebi.missouri.edu/wp-content/uploads/2014/03/SAEBRS-Teacher-Rating-Scale-3.3.14.pdf (教师版)	19	学校表现;学业表现;情绪表现	没有可用的规范信息

续　表

名　称	目标对象的年龄/年级	出版商网站	项目数量	评估领域	得　分
损伤评定量表 (Impairment Rating Scale) (Evans et al., 2013; Fabiano, 2006)	幼儿园到十二年年级	http://ccf.fiu.edu	教师版6个项目;家长版7个项目	跨功能领域的评估(与同伴、成年人的关系,学业进步,家庭或班级的功能,自尊,兄弟姐妹关系)和整体损害	可用的规范信息
直接行为评定 (Direct Behavior Rating) (Chafouleas et al., 2013; Kilgus et al., 2014)	幼儿园到八年级	http://directbehaviorratings.com	3	破坏性行为的评估;学业表现:礼貌行为	没有可用的规范信息
萨特-艾伯格学生行为问卷(修订版)(Sutter-Eyberg Student Behavior Inventory—Revised)(Eyberg & Pincus, 1999)	2~16岁	www4.parinc.com	38	问题行为频率和强度度得分	可用的规范信息
行为障碍系统筛查 (Systematic Screening for Behavior Disorders) (Walker, Severson, & Feil, 2014)	一年级到六年级	https://pacificnwpublish.com	适用于最多6名被确定为有风险的学生的33个关键事件检查表和23个项目的频率检查表	内化行为和外化行为	教师提名关注的学生后,进行筛查;没有可用的规范信息

尽管可能不够精确,但有时也可以使用一些非创伤的筛查方式,如办公室违纪转介表(见本章末尾附表 3-1),它记录了谁没有完成作业,哪个学生的桌子很凌乱,以及学生所需的文具(如铅笔、橡皮)是否摆放正确。有人(Atkins,Pelham,& Licht,1985)开展了一项有趣的研究,他们调查了教师评估注意缺陷多动障碍儿童的方法中哪一种最好。结果发现,将以下几种客观方法结合起来使用时,教师辨识注意缺陷多动障碍儿童的成功率达到 83%。这些方法包括:儿童正确完成课堂作业的比例,儿童是否打扰别人(自言自语、言语侵犯),观察过程中儿童能否一直坐在自己的位子上,以及儿童能否为上课作好充分准备(在桌子上放好铅笔和橡皮)等。这项研究表明,与上述行为相关的简版直接行为评定(Chafouleas et al.,2013)可能是识别破坏性行为障碍儿童的可行方法,而且相比于更密集和成本更高的措施,它们显得更有效率。

直接行为评定(Direct Behavior Rating)方法的一个优点就是题目非常少,这在筛查中非常重要。想象一下,如果一个教师需要给 25 个儿童每人填写一份有 30 个题目的评估量表,那么该教师需要填写 750 个题目,而且需要计算数据和解释结果。对于相同的班级,如果教师需要给 25 个儿童每人填写一份有 5 个题目的评估表,那么该教师只需要填写 125 个题目(不考虑阅读每个题目花费的精力,对每个儿童每种行为的思考,以及评估时作出的决定),这意味着减少了大约 84% 的评估工作量。这种高效的方法更容易被教育工作者接受，而且由于缓解了评估者的疲劳，也使得评估更有意义。另一种评估方法由沃克及其同事（Walker et al.，2014）倡导，同样可以提高筛查评估的效率，即教师提名3个破坏性行为最严重的儿童，然后对这个小群体进行详细筛查。上述方法都具有很高的效率，因此我们鼓励教育工作者和学校心理学家考虑使用与行为筛查目的一致的筛查方法：可靠辨识出最需要进一步功能评估的儿童，以便进行减少破坏性行为损害的治疗。仅为在校所有儿童填写冗长的评定量表（或等级）来获取当前破坏性行为程度的数据，不是筛查这种显而易见目的的一部分。

诊断

因为本书强调功能评估而不是诊断方法，所以这部分内容会很简短。教育工作者已经可以"诊断"阅读问题、行为问题或社交问题（Gresham，Reschly，& Carey，1987），因此学校里关于破坏性行为障碍的诊断越来越被视为一件重要的事就显得有一点奇怪。需要注意的是，注意缺陷多动障碍并没有专门与之对应的教育类别，这使得教育工作者强调注意缺陷多动障碍诊断程序的目的并不清晰。强调诊断的一个潜在原因可能是，如果一个儿童被诊断为患注意缺陷多动障碍，那么他/她更可能会接受药物治疗。强调诊断的一个结果是减少了其他评估的时间，从而聚焦于干预计划和结果。本书的定位是，在确保准确性的基础上诊断必须快速且有效，这样可以为功能分析、治疗计划和过程监控留出更多时间。

　　从直觉上来说,诊断之后应该立即进入治疗阶段,但这其实并非常态。最近,我们接触了正在学驾驶的注意缺陷多动障碍青少年。我们的研究面临的一个挑战是,需要依据精神障碍诊断与统计标准建立一个有关注意缺陷多动障碍的清晰诊断(在研究背景下诊断特别重要,因为只有这样才能把样本精准归类,以便其他研究者采用相似的样本复制实验)。为了建立注意缺陷多动障碍的年龄标准(症状在 7 岁之前开始出现),我们要求家庭成员提供先前的报告、个性化教育计划,以及与注意缺陷多动障碍诊断有关的其他材料。一般情况下,家庭成员都会提供大量材料,包含各种评估结果,甚至有一些材料可以追溯到幼儿期。研究人员会复印这些材料,这样可以在诊断时系统查看每个样本先前的材料。在查看材料时,让医生头痛的一个地方是,这些材料通常都会明确且一致地指出,自幼儿期到青少年期该儿童一直存在明显的破坏性行为。让人失望的是,总有一些信息缺失,如治疗计划、总结和结果的追踪报告。许多儿童都有多份诊断报告,但很少有与治疗相关的材料,这可能是因为报告提供者完成诊断评估后就与儿童中断了治疗方面的联系,将儿童转介给儿科医生或学校去实施接下来的干预。这一点非常令人失望,因为家长很可能在获得诊断之后想要继续接受帮助。在专业化领域,上述例子就是一个警示:诊断不应该只作为总结性评估,它应该是一系列形成性评估的第一步,并可以为后续干预提供信息支持。

考虑到这一点,破坏性行为障碍循证评估方面的论文建议,诊断方法可以更为直接,并且应获得用于诊断决策的充足信息。佩勒姆及其同事(Pelham et al.,2005)报告了家长和教师通过简易量表测量的注意缺陷多动障碍的征兆和严重程度的结果,发现该结果与更长的结构化访谈的结果相当。麦克马洪和弗里克(McMahon & Frick,2005)同样将评定量表列为辨别具有行为问题的青少年的循证评估手段之一,包含青少年自我报告版本、家长报告版本和教师报告版本的量表。因此,一旦儿童被诊断为具有临床症状,专家们不应该觉得使用其他工具检验其临床症状水平是一件徒劳无功的事情。就像上述研究者所强调的,评估应该获取有关行为的性质、功能、频率与强度、发生的环境,以及行为导致的损害的数据。这些数据都是功能评估的一部分,对治疗计划有直接帮助。

功能评估与干预计划

专家们都应该清楚,所有评估都是为干预而准备的。例如,在临床工作中我们经常采用损伤评定量表(Impairment Rating Scale)(Fabiano et al.,2006)。这个量表为区分具有破坏性行为的儿童和没有这种行为问题的儿童提供了一个量化评估。治疗计划同样要求家长和教师提供关于儿童功能,以及生活中一些行为问题(如同伴关系、家庭或班级里的群体功能、与家长或教师的相处情况、学业情况和自尊等)的详细描述。这些描述都是专业化治疗的起点。例如,一位家长可能会写道:"我担忧我的孩子可能没有朋友,我发现他在家与别人一起玩耍的时候十分专横。从学校回来之后他经常抱怨被嘲笑和欺负。我还注意到他解读社交线索存在困难,如当其他儿童因他的蛮横而感到受挫时。"一位教师则可能会针对学业方面写道:"这个孩子总是不带应该带的书和笔记本,甚至连笔也不带。我认为他是一个有能力的孩子,但是至今我仍未收到他交来的作业,这对他的分数其实有很大的影响。我还发现当其他孩子做作业的时候,他需要我盯着才能完成任务。"基于这些记录,临床上的功能细节变得越来越清楚,从而可以帮助治疗计划的实施者给予家长和教师相应的支持。这推动了功能性行为分析的第一步:辨识目标行为。目标行为(target behavior)代表儿童需要治疗来显著改善的行为。在治疗中,有些目标行为需要减少,有些则需要增加。例如,扰乱课堂纪律是一个需要减少的目标行为,而整理储物柜则是需要增加的目标行为。

一旦确认目标行为,接下来就必须仔细操作化目标行为以保证行为的出现和消失在不同评估者的评估中和不同时间段都保持一致。因此,"适应"或"破坏性"等都不是很好的目标行为,除非它们被仔细操作性定义,以提供什么能够代表这些行为的信息。目标行为如"组织"通常需要分解为不同成分,以确保这些代表"组织"的行为可以被正确辨识、追踪和评估(Evans et al., 2009)。目标行为的操作性定义有时包含具体的例子来指导评估者,例如对比的例子,或者通过视频情景来阐述(Pelham, Greiner, & Gnagy, 2008; Schlientz et al., 2009)。通过本章末尾附表3-2,实践工作者可以识别并操作化目标行为，将目标行为分解成具体的、可观察的行为特征。

功能性行为分析（functional behavioral analysis）是干预计划接下来的部分（Crone，Hawken，& Horner，2015；Crone & Horner，2003；Steege & Watson，2009）。在辨识和操作化目标行为之后，需要分析目标行为发生的情境和环境，了解有关目标行为假设功能的观点的发展，以及针对目标行为的功能作出决策。本质上，实践工作者必须找出行为发生的原因——背后的动机是什么，为什么发生，以及是什么让它持续。一个典型的例子就是，一个问题行为看起来对其他人毫无意义，但是如果青少年反复表现出该行为，那么从这个青少年的角度来看，该行为必定有某种意义。在辨识目标行为之后，接下来需要对教师和其他成人进行访谈以识别问题行为发生（或不发生）的情境，问题行为改善或加剧的情境，并找出前因（如导火线、突发事件）和后果（如积极结果与消极结果）。这些情境和持续的变量可以帮助实践工作者建立儿童目标行为产生的原因的假设（如逃避/回避，通过奖励或关注实现自我，自我刺激，技能缺陷）。

通过本章末尾的附表3-3，学校心理学家和其他专业人士可以识别目标行为并引导功能性行为评估。在这种方法中，学校心理学家和其他专业人士首先识别一个或多个目标行为，然后分析并决定目标行为可能的功能。表3-2描述了对课堂上不服从的儿童的评估。专家可以对单个教师或教师团队进行访谈，观察行

表 3-2　一个完整的功能性行为评估和干预计划示例

1. 目标行为(用具体的、可观察的术语界定行为。确保只界定单个行为,对其他不同的行为重复这个过程):<u>违抗。在 5 秒的时间内,儿童拒绝遵从一个具体的命令或要求。</u>

2. 列出发生这种行为的所有情境:<u>对他的要求。社会学习教师和陌生成年人(比如,餐厅员工)的要求尤其可能遭到违抗。</u>
   列出不发生这种行为的所有情境:<u>在特殊课程中,足球练习。</u>

3. 描述使行为变得更糟或更好的其他情境、人物或环境:<u>有朋友在周围时,对成年人的违抗会变得更严重。包括书写在内的要求很可能也会如此。</u>

4. 该行为出现之前发生了什么(例如前因或诱发因素)?<u>要求开始写作,儿童觉得行为要求太苛刻。</u>

5. 该行为发生后会怎样(例如后果、奖励、惩罚或其他的)?<u>该儿童回避要求,被送往纪律委员的办公室并离开课堂,受到同伴的注意(例如咯咯笑),成年人的训斥和不断累加的要求。</u>

6. 描述任何修正或控制已识别的前因后果的尝试。结果是什么?<u>教师实施"自然后果"一周,让儿童选择可以完成或不完成作业,教师也没有对他提出要求。那一周没有做任何作业。</u>

7. 该行为被假定的功能:
   □获得成人关注　　□获得同伴关注　　□增强自我——有形的　　□增强自我——特权　　☑逃脱或回避　　□自我刺激　　□其他(描述):____

8. 基于该行为被假定的功能的干预思路:<u>儿童表现出回避要求的行为,尤其是包括书写在内的要求。在其他情境下,儿童会听从别人的要求(例如足球练习)。我们将和教练一起把所有被拒绝的作业推迟到放学后再做。而且,在完成一天的所有作业之前,不允许他参加足球练习。当所有作业都完成后,他就可以参加足球练习了。</u>

为,识别行为的前因后果,描述可以维持、提高/降低行为强度的变量,并界定该行为的假设功能。

显然,对功能性行为评估的描述并不是一个小的或快速的任务,而是一项需要花费为破坏性行为障碍儿童提供帮助的从业者大量努力并汇聚他们的集体智慧才能完成的任务。然而,重要的是这些评估活动会直接指向如何干预。对于表3-2描述的儿童,给出的评估决定是,这个儿童表现出违抗行为是为了逃避不喜欢的任务。在这种情况下,要采取的干预措施主要是阻止儿童通过违抗来逃避任务这一行为。在与家长合作方面,学习活动并不是在放学之后就完全结束了,还需要占据儿童和朋友一起玩耍的时间。这样的改变使得儿童很容易逃避学习活动,与此同时还丧失了和朋友一起玩耍的时间。进一步的信息收集表明,儿童高度重视同伴关注,不想在同伴面前表现出消极的样子。因此,初始的干预要确保儿童不会以破坏性的或违抗的行为方式逃避任务,这是在功能评估基础上给出的干预方法或措施。

整体性和保真度的测量

如果不按计划实施,即使世界上最佳的干预也没有用。这一点我在学校班级中见证过。学校购买了一块非常昂贵的带投影仪的智能黑板,它与学生按钮相连,可以提供实时的形成性评估。智能黑板还有许多铃铛和口哨来促进学生的学习。教师也都去参加培训,学习这个设备该如何使用。我在教室里观察到,一位教师因无法使该设备正常工作而恼火,她把一张大海报贴在智能黑板上,并将其用作一个简单(但很昂贵!)的画架。这是一个好计划怎么全乱套的绝佳案例,其原因在于干预计划的初始目的因环境和技术上的困难而改变。因此,确保学校破坏性行为治疗计划的整体性和保真度的流程十分关键。这对于年幼儿童破坏性行为的干预尤其重要,因为它需要学校心理学家和其他专家作为间接干预者与教师和学校其他工作人员沟通,最终由教师和学校其他工作人员直接落实干预计划。尽管学校心理学家和其他专家可以制定完善的干预计划,但他们需要清楚这些计划在后续的执行过程中可能会大打折扣,因为许多教师和学校其他工作人员在实际工作中并没有按照计划行事(Martens & Ardoin,2002)。

法比亚诺及其同事(Fabiano, Chafouleas et al.,2014)把整体性(integrity)定义为评估和干预是否按照既定目标实施。保真度(fidelity)是指向目标儿童或班级提供干预的质量。法比亚诺及其同事把对干预的整体性和保真度的评估类比为收音机的使用:干预的整体性类似于把收音机调至正确的电台频道;干预的保真度类似于收音机里的歌声传递得特别清楚,既没有噪声也没有主持人的说话声。随着干预的开发和实施,学校心理干预的专业人员应该列出清单以使干预的各个行为成分操作化,各部分的责任人清晰化,以及阐明如何解决干预的质量问题并加以评估,是否有一些组成部分是被禁止的(它们不是干预的一部分)。本章末尾的附表3-2提供了一个清单简例,用来确保每日报告卡片可以为教师提供支持。

干预结果

评估的另一个重要目标涉及对干预结果的测量。干预结果的测量与学校交织在一起。报告卡片（report cards）就是评估学业干预结果的一个典型例子。全州性的评估同样可以被定义为总结性评估，以用于评估学业指导。一旦达成某个目标，那些追踪书籍阅读数量和提供比萨派对的教师就可以评估结果（如果他们追踪朝向目标的步骤，那么还可以同时监督过程）。当一个人考虑行为障碍时，结果评估也经常被使用。表 3-1 中的许多筛查方法同样可以用作结果测量。这些方法如果用于筛查，可以作为治疗前的功能性指标。重新组织这些方法可以帮助教育工作者和其他相关人员了解干预的实施是否改善了行为。

干预结果的一个关键问题与社会效度有关。症状评定量表上分数的变化或筛查工具中分数的降低固然重要，但只有这种改变代表功能性的改善才真正有意义。如果一个儿童在一项测量上得分有所提高，但几个核心功能性领域（如与同伴和成人的关系、学业进步、群体功能）没有改善，则这种得分提高没有多大说服力。重要的是，如果儿童未来想要取得好结果，那么这些核心功能性领域必须得到改善。它们也是教育工作者和家长最关心的领域，所以是结果评估的首要目标。值得注意的是，治疗效果在不同的功能性领域差异很大。例如，一项关于儿童注意缺陷多动障碍的综述发现，在接受治疗之后儿童的社会行为会有所改善，但是注意缺陷多动障碍的症状改善在各研究中不一致（Fabiano et al., 2015）。

一方面,治疗的结果并不是很理想,因为研究者没有观察到跨领域的改善;另一方面,前景充满希望,因为社会行为的改善比注意缺陷多动障碍整体症状的减少更为重要。这个例子强调了结果评估计划的重要性。

本章小结

本章概述了评估破坏性行为的一些有效方法,同时考虑到了评估的多重目标。对破坏性行为的有效评估感兴趣的实践工作者必须保证,评估目的与符合评估目的的评估工具之间存在一致性。不仅如此,本章还建议该领域需要重新强调与治疗任务和治疗努力更加一致的形成性评估,并保留研究结果的总结性评估,减少对治疗进展的频繁检查。最后,贯穿于筛查、干预计划、整体性和保真度的测量,以及干预结果,实践工作者应该时刻记住评估目的最终是为干预提供信息,以及降低有破坏性行为的儿童的功能损伤。

附表 3-1 办公室违纪转介表

学生姓名：_____ 日期：_____

教师姓名：_____ 时间：_____

转介理由：

☐意图作出造成严重伤害的攻击行为(一般会导致伤痕或瘀伤)

☐卷入危险的情境 ☐违抗 ☐携带一个危险的物品

☐破坏财产 ☐偷窃 ☐性骚扰

☐咒骂或污言秽语 ☐其他(请注明)：_____

评论：_____

_____

_____

_____

地点：_____

_____

_____

办公室回应：

☐暂停 ☐班会 ☐打电话叫家长

☐致信家长 ☐回家待一天 ☐家长会

☐暂时停学 ☐其他：_____

评论：_____

_____

_____

_____

_____

_____

来源：格雷戈里·A. 法比亚诺(Gregory A. Fabiano)的《破坏性行为的干预：减少问题行为与塑造适应技能》(*Interventions for Disruptive Behaviors: Reducing Problems and Building Skills*)。Copyright © 2016 The Guilford Press。购买本书者，可复印本表供个人使用或与个别学生一起使用。

附表3-2 用于建立每日报告卡片的治疗整体性和保真度检查表

本表可由监护人填写或由本人填写作为自我报告表使用

目的:

☐开始与教师建立合作关系

☐介绍每日报告卡片

☐识别目标行为,使它可以被操作性定义和填入每日报告卡片

程序:

☐回顾与教师建立每日报告卡片的过程

☐与教师合作为儿童树立适当的目标

☐完成每日报告卡片的初步模板,并审查计划的格式和流程(例如,是否会在课后或上午和下午评估目标行为)

☐向教师解释他/她应该向儿童描述每日报告卡片目标以及家庭奖励部分

☐启动计划后安排教师随访1周

访后程序:

☐为会面作交流记录

☐打电话给父母告诉他们每日报告卡片开始的时间

与教师的联盟评级:

1	2	3	4	5	6	7
糟糕			一般			很好

交流评级:

1	2	3	4	5	6	7
令人沮丧,关注消极面			一般			鼓舞人心,关注积极面

附表 3-3　功能性行为评估与干预计划表

使用本表对目标行为进行功能性行为评估。每种行为单用一张表。

1. 目标行为（用具体的、可观察的术语界定行为。确保只界定单个行为，对其他不同的行为重复这个过程）：＿＿＿＿＿＿＿＿＿＿＿＿

2. 列出发生这种行为的所有情境：＿＿＿＿＿＿＿＿＿＿＿＿＿＿＿＿＿＿＿＿＿＿

　　列出不发生这种行为的所有情境：＿＿＿＿＿＿＿＿＿＿＿＿＿＿＿

3. 描述使行为变得更糟或更好的其他情境、人物或环境：＿＿＿＿＿＿＿＿

4. 该行为出现之前发生了什么（例如前因或诱发因素）？＿＿＿＿＿＿＿＿

5. 该行为发生后会怎样（例如后果、奖励、惩罚或其他的）？＿＿＿＿＿＿

6. 描述任何修正或控制已识别的前因后果的尝试。结果是什么？＿＿＿＿

7. 该行为被假定的功能：
   □获得成人关注　□获得同伴关注　□增强自我——有形的
   □增强自我——特权　□逃脱或回避　□自我刺激　□其他（描述）：＿＿＿

8. 基于该行为被假定的功能的干预思路：＿＿＿＿＿＿＿＿＿＿＿＿＿＿＿＿＿

第四章

家长训练干预

对儿童破坏性行为障碍最有效的干预的基石是家长训练项目（parent training program）。家长训练项目通常使用设计精良的方法教授一些有效促进儿童恰当行为的策略，并且强调行为通过奖励、惩罚和塑造得以改变的基本原理，以及介绍破坏性行为障碍的基本信息。家长需要阅读相关资料，并且学习标准行为技能，例如表 4-1 列出的项目（Barkley，2013；Cunningham，Bremner，& Secord，1998；Eyberg & Funderburk，2011；Forehand & Long，1996；Patterson，1975a；Webster-Stratton，1997，2005）。典型的临床家长训练项目包含 8～16 周的预备训练，接下来如果有必要则继续进行干预，加入维持干预效果和防止复发的训练。家长训练通常以个体或团体的形式开展，要求家长每周与孩子一起追踪行为和练习技能。表 4-1 列出的家长行为训练（behavioral parent training，BPT）主题可以被看作一个良好的开端，后续还会有更多主题被个体训练或团体训练纳入。其中许多主题（如暂停）可能跨越多个阶段。

表4-1 注意缺陷多动障碍家长训练项目的典型内容

1. 行为管理原则概述,破坏性行为在功能关系中如何维持
2. 建立家庭—学校每日报告卡片/奖励每日报告卡片
3. 关注,奖励适当行为,忽略次要的不适当行为(如抱怨)
4. 给出有效的指令和指导
5. 暂停/特权解除步骤
6. 建立和执行规则
7. 根据情况进行调整
8. 家庭积分系统——奖励和反应成本
9. 在家庭之外处理突发事件/提前计划
10. 安排结构化游戏的日期
11. 每周与治疗师会面结束后维持计划

对家长行为训练的综述支持将其用于注意缺陷多动障碍、反社会行为障碍或破坏性行为障碍儿童(如 Brestan & Eyberg,1998；Evans et al.,2013；Eyberg et al.,2008；Lundahl,Risser,& Lovejoy,2006；Pelham & Fabiano,2008；Serketich & Dumas,1996)。元分析也支持了家长行为训练的积极效应。科科伦和达塔洛(Corcoran & Dattalo,2006)通过元分析探讨了家长是否参与注意缺陷多动障碍治疗的组间差异,结果发现,家长行为训练对注意缺陷多动障碍和外化症状的效应量分别是 0.40 和 0.36。伦达尔及其同事(Lundahl,Risser,& Lovejoy,2006)回顾了家长行为训练对儿童破坏性行为的效果,结果发现,干预的儿童和家长结果效应量为 0.42~0.53。塞尔克蒂奇和杜马斯(Serketich & Dumas,1996)综述了团体设计研究,报告家长行为训练干预的总

体效应量为 0.86。法比亚诺及其同事(Fabiano et al.，2009)在对治疗注意缺陷多动障碍的文献的元分析中报告了组间研究的加权效应量,使用客观观察法测量特定教养方式的研究报告了非常大的效应量(2.51)。因此,家长行为训练对有多种破坏性行为问题的儿童均有中等到较大程度的改善效果。

家长行为训练在破坏性行为障碍儿童中的使用

现在,有很多效度良好且经过实践检验的家长训练项目供临床医生使用。这些项目主要依据帕特森和格利恩(Patterson & Gullion，1968)、汉夫(Hanf，1969)的研究工作,以及 K. D. 奥利里和 S. G. 奥利里在石溪大学(Stony Brook University)实验室的研究(如 O'Leary & Pelham，1978; O'Leary, Pelham, Rosenbaum, & Price，1976)。下面介绍使用家长训练项目来治疗破坏性行为障碍儿童的实例,包括项目介绍和现阶段项目有效性的证据,以提供一个良好的实践范例。

违抗型儿童

违抗型儿童项目(defiant children program)(Barkley，2013)已经付诸实践,它包含 10 个与解决注意缺陷多动障碍儿童行为问题相关的步骤。主题覆盖行为的心理教育信息、使用关注策略(attending strategy)强化适当行为、代币制度、暂停、在公共场合提前制定行为计划,以及使用家庭—学校每日报告卡片。每个疗程临床医生都会提供准备好的问题或话题与家长讨论,并且得到家长的反馈。此外，在派发的讲义上会总结每次干预并列出需要家长在这周尝试的任务。该项目可以用于家庭或团体。

有多项研究评估过违抗型儿童项目。研究者（Anastopoulos，Shelton，DuPaul，& Guevremont，1993）对违抗型儿童的家庭教养方式进行干预（n=19），并将结果与没有接受干预的一组（n=15）进行比较。接受干预的家庭在儿童注意缺陷多动障碍症状的评估，以及家长报告的能力感和压力感上均有所改善，改善的效果在 2 个月后的随访中仍然存在。巴克利及其同事（Barkley et al.，2000）也评估了违抗型儿童项目，他们既实施了单独评估，也将其与学校干预（school-based intervention）结合起来，将被试与具有注意缺陷多动障碍和其他破坏性行为风险，但没有接受干预的幼儿园儿童进行比较。结果表明，家长训练项目并没有产生显著效果，尽管家长训练组中只有 35％的家长一次干预也没有参与。当把只参加家长训练项目和同时参加家长训练项目与学校干预项目的样本结合在一起，只有 13％的家长参与了 60％以上的干预课程。因此，尽管项目本身没有带来统计学上显著的提高，但这可能是因为研究中大部分家长并没有按要求参加相应的干预课程，潜在的有效影响可能无法被观测到。上述研究强调了参与在家长行为训练中的重要性，相关内容我们将在第九章详细讲述。

违抗型青少年项目（defiant teens）是违抗型儿童项目的扩展。违抗型青少年项目与违抗型儿童项目类似，但对青少年的注意缺陷多动障碍作出了重要的修改,包括教授适用于青少年的家长行为管理策略。除了包含家长行为管理策略(干预1~9),青少年也会参与干预,并有一系列介绍和教授问题解决交流训练的干预(干预10~18)(Robin & Foster,1989)。

巴克利及其同事通过两项研究评估了违抗型青少年项目(Barkley,Edwards,Laneri,Fletcher,& Metevia,2001;Barkley,Guevremont,Anastopoulos,& Fletcher,1992)。在第一项研究中,将违抗型青少年项目的行为管理策略与问题解决交流训练及结构化家庭治疗进行比较。结果发现,在青少年领域、家长领域,以及家长和青少年互动领域都有功能的提升,但小组之间没有显著差异。在第二项研究中,巴克利及其同事(Barkley et al.,2001)比较了违抗型青少年项目(包括9次行为管理策略的干预和9次问题解决交流训练的干预)与18次问题解决交流训练干预之间的差异。结果发现,两组被试均在青少年和家长功能上有所提升,且组间差异不显著。但是,如果没有中途退出干预,那么在违抗型青少年项目中观察到的功能提升更为持久。

近些年,法比亚诺及其同事(Fabiano et al.,2011)将违抗型青少年项目应用于有注意缺陷多动障碍和相关破坏性行为障碍的青少年的驾驶行为。青少年驾驶者是公路上最危险的人群之一,与普通青少年比较,有注意缺陷多动障碍的青少年驾驶更危险且容易导致不良后果(如罚单、车祸、受伤、死亡)(Fabiano & Schatz,2014)。在这项研究中,家长参与了最初的45分钟的干预,学习如何在违抗型青少年项目中应用家长行为训练的内容。与此同时，青少年要学习问题解决和沟通技巧。接下来，家长和青少年共同参与完成一个用于支持安全驾驶行为的问题解决任务。研究初步表明，对有破坏性行为障碍的新手司机来说，这是一个可行且具有长远好处的方案。特别是，治疗干预的合作性在家长和青少年中都很高，这也许是因为每个治疗环节都激发了家长和青少年的参与热情：家长想为自己一直担心的孩子提供帮助，青少年则发现干预作为治疗机制增加了他们驾驶的机会，进而热情地想要参与进来。这表明，对有兴趣在高中时期采用家长—青少年干预措施的临床实践工作者来说，刚开始驾驶时可能是一个很好的切入点。

社区家长教育项目

社区家长教育项目（community parent education program, COPE）（Cunningham, Bremner, & Secord, 1998）主要使用应对—示范—问题—解决的方法，通常应用于人数较多的家长团体（20～30 人）。社区家长教育项目包括 16 次干预课程，除此之外还有强化程序和一个同步建立的儿童社交技能团体。与讲课形式的家长训练不同，社区家长教育项目的领导者不提供规定性的信息，而是促进团体成员产生自己的解决方法。家长通过观看错误教养方式的视频，讨论里面存在的问题、对其他家长的潜在影响，以及针对这些情境的解决方法。领导者的作用是推进整个流程，鼓励团体成员在角色扮演练习中培养行为策略，并提出解决方案。

现有的证据支持了社区家长教育项目的有效性。坎宁安等人（Cunningham, Bremner, & Boyle, 1995）比较了社区家长教育项目组、聚焦个体的临床教养项目组和控制组。在研究中,相比于其他两组,社区家长教育项目参与者的家庭中儿童的行为问题明显减少,且这一变化在 6 个月后的随访中依然存在。此外,在讨论环节提出的解决方案的数量上,社区家长教育项目的参与者展现出更多的问题解决技巧。那些难以参与家长训练项目的家庭（如家庭中有更严重的儿童管理问题）更有可能参与社区家长教育项目,而不是聚焦个体的临床教养项目。社区家长教育项目风格的家长训练也可以应用于有注意缺陷多动障碍的青少年,先前有研究在年龄较大的人群中应用社区家长教育项目并取得了积极的效果,从而支持了社区家长教育项目在青少年中的应用（McCleary & Ridley, 1999）。

在参与度方面,社区家长教育项目风格的家长训练显著优于传统的说教项目,这体现在出勤率、准点率、作业的完成率,以及各次干预中与其他家长的互动等方面（Cunningham et al., 1993）。社区家长教育项目也鼓励更大团体的参与,尤其是家长行为训练没有涉及的人群（如父亲,详见第九章）,而且在社区家长教育项目中培养团体领导者相对容易。此外,社区家长教育项目也非常经济,因为一个领导者最多可以同时组织 20 个家庭。社区家长教育项目的另一个优势在于,一个大的团体可以分为几个小组分头讨论,各组中的每个成员都有机会表达他们的想法,这在大型的团体组织中通常很难实现，因为会有少数几个人掌控谈话过程。因此，社区家长教育项目的家长训练是更有效的，且可以让更多家庭受益。

亲子互动疗法

亲子互动疗法（parent-child interaction therapy，PCIT）（Eyberg & Boggs，1998；Eyberg & Robinson，1982）通常由一个家庭单独实施，并遵循两个阶段。第一阶段是以儿童为导向的互动，治疗师与家长通过积极社会关注、使用标记性表扬，以及忽视细小的消极行为形成积极的亲子关系。第二阶段是以家长为导向的互动，家长练习如何在儿童出现问题之前（如使用清晰的指令/指导）和之后（如暂停）帮助他们增加积极行为和减少消极行为。在第一阶段，治疗师向家长介绍以儿童为导向的互动的内容，在接下来的环节，治疗师通过耳塞式设备观察家长和儿童的互动并给予指导和反馈。家长则继续参与观察互动，直到熟练掌握被展示的技能。一旦家长掌握一种技能，治疗师将介绍下一种以儿童为导向的互动技能，当家长熟练掌握所有以儿童为导向的互动技能后，就会进入第二阶段以家长为导向的互动环节。

大部分有关亲子互动疗法的研究均将治疗应用于有破坏性行为障碍（如注意缺陷多动障碍、对立违抗障碍和品行障碍）的年幼儿童（3～5 岁）。由于破坏性行为障碍通常有很多并发症，因此在这些研究中，许多接受治疗的儿童被诊断为有多种破坏性行为问题，表明亲子互动疗法对患多种破坏性行为障碍的儿童也是有效的。舒曼等人(Schuhmann，Foote，Eyberg，Boggs，& Algina，1998)研究了亲子互动疗法在患对立违抗障碍的儿童的家庭中治疗的有效性,其中 66%的样本达到注意缺陷多动障碍的诊断标准。这些家庭被随机分配到亲子互动疗法的治疗组和控制组。结果显示,接受亲子互动疗法的家庭短期和长期的教养技能以及儿童行为都有明显改善。在另一项有关亲子互动疗法有效性的研究(Eisenstadt，Eyberg，McNeil，Newcomb，& Funderburk，1993)中,75%的参与者患注意缺陷多动障碍,研究者报告了儿童行为、教养方式和家长压力应对方面的改善。对亲子互动疗法的后续随访评估表明,治疗效果可以维持六年之久(Hood &Eyberg，2003)。

积极教养项目

积极教养项目(positive parenting program，3P)(Sanders，1990)是一个为家长提供预防和干预训练的分层次项目。它包括五个层次:普适性层次(面向所有家长)、选择性层次(帮助对特定行为感到担忧的家长,如如厕训练)、初级关注层次(通过 1～4 次干预课程解决家长感到担忧的特定行为)、标准层次(针对有严重行为问题的儿童的家长设立的课程)和强化层次(针对儿童行为及与家庭有关的问题的强化课程)。积极教养项目具有良好的效度,并已在全球范围内付诸实践。有长期破坏性行为障碍的儿童会被要求参与积极教养项目中强度更大的治疗,如标准或强化项目。

积极教养项目在破坏性行为障碍儿童的样本中得到过评估。

霍思和桑德斯(Hoath & Sanders，2002)将家庭随机分配到强化训练组或控制组。结果显示，强化训练组的家长报告儿童的行为问题有明显改善并更多使用教养策略。更重要的是，干预效果在三个月后的随访中仍然存在。在另一个注意缺陷多动障碍学前儿童样本中，博尔等人(Bor，Sanders，& Markie-Dadds，2002)将强化训练组和标准训练组作对比，并将它们与控制组相比较。结果发现，强化训练组和标准训练组均报告了儿童行为的改善，家长教养技巧和胜任感的提升。这些改善和提升在一年后的随访中仍然存在，且两组被试的训练效果并没有显著不同。上述两项研究都支持了积极教养项目对注意缺陷多动障碍儿童治疗的有效性。

惊奇岁月项目

惊奇岁月项目(incredible years program)(Webster-Stratton，1997，2005)包含：(1) 基础教养项目，适用于2～10岁的儿童，关注教养技巧；(2) 高级教养项目，关注人际交往技巧(如愤怒管理、交流等)；(3) 教育教养项目，用于帮助促进儿童的学业成功。在惊奇岁月项目中，家长观看经典教养情境的录像，讨论录像内容，包括他们欣赏的家长行为，以及他们可能做得不一样的地方。基础教养项目以团体形式进行，每周2小时的课程，持续14周。在完成基础教养项目后，可以开展14节高级教养项目课程，或者6节教育教养项目课程。

许多实证研究评估过惊奇岁月项目(Webster-Stratton，2005)。与亲子互动疗法相似，研究中大多数儿童被诊断为患对立违抗障碍或品行障碍,但考虑到共病的可能性,其中大部分儿童也符合注意缺陷多动障碍的诊断标准。韦伯斯特-斯特拉顿等人(Webster-Stratton,Reid,& Hammond,2004)的研究将被试随机分配到单一家长训练组,单一儿童社交技巧训练组,家长/儿童训练加教师训练组,或家长、儿童、教师共同训练组。比较发现,在所有包含家长训练的组中,教养技巧都有较大改善(消极的、强迫的教养策略的使用有所减少),儿童行为问题也有所改善。两年后的随访(Reid,Webster-Stratton,& Hammond,2003)发现,四分之三的儿童在标准测试中处于正常功能的范围。

对惊奇岁月项目的反应效果的调查发现,患注意缺陷多动障碍且有对立违抗障碍或品行障碍的儿童对干预反应良好。哈特曼等人(Hartman,Stage,& Webster-Stratton,2003)发现,家长训练对于患注意缺陷多动障碍且有外化行为问题的儿童,比没有注意缺陷多动障碍的品行障碍儿童更有效。韦伯斯特-斯特拉顿通过多个控制组实验表明,惊奇岁月项目对教养技巧和策略、儿童行为,以及家庭功能的改善都非常有效。

家长管理训练——俄勒冈模型

家长管理训练——俄勒冈模型(parent management training—the Oregon Model,PMTO)(Forgatch & Patterson,2005;Patterson & Forgatch,2005)是一个逐渐开发完善并多次得到实践证明的有效的家长训练方法,它帮助家长培养有效的教养策略。它直接关注并旨在减少家庭内部的强制过程(见第二章),以及家庭、学校、同伴之间（或内部）的问题，塑造良好功能。家长管理训练——俄勒冈模型适用于2～18岁儿童的家长，可单独或以团体的方式开展训练。

家长管理训练——俄勒冈模型的优势在于，教授家长许多教养策略（如给予好的指令、表扬积极的行为、使用暂停），这对于管理破坏性行为障碍非常重要。它还包括问题解决和沟通训练，有助于解决其他家庭困难，帮助缓解家庭中长期的高压氛围。因此，它主要的教养策略是鼓励、限制环境和纪律、有效监控/指导、在家庭环境中解决问题，以及积极参与家庭活动。许多证据表明，家长管理训练——俄勒冈模型是改善家庭氛围的强有力的干预方法（Forgatch & Patterson，2010）。

帮助不顺从的儿童

帮助不顺从的儿童（Forehand & Long，2002；McMahon & Forehand，2005）聚焦于家长可以直接使用的促进适当行为和减少不顺从行为的策略。这个项目持续5周，旨在教授家长有效的儿童管理策略。项目的内容包括关注、奖励、忽视、给予指导和暂停。作为使用暂停策略来对破坏性行为障碍儿童进行正强化的先驱，福汉德等人为家长提供了可靠的参考和借鉴。

皮德等人（Peed，Roberts，& Forehand，1977）将母亲随机分配到干预组或控制组进行比较，其中被分配到控制组的母亲在采集完所有数据后才接受干预培训。结果发现，在诊所和家庭接受干预的母亲和儿童在各项指标上均有所改善，但控制组没有改善。

这些证据支持了教养项目对治疗不顺从的儿童和破坏性行为障碍儿童的有效性。

破坏性行为障碍家长训练干预的证据小结

如前所述,现在有许多良好的家长训练项目供破坏性行为障碍儿童的家长选择。我们介绍的项目仅仅是可用资源的一些例子。另外一个与我们介绍的教养项目类似的项目是注意缺陷多动障碍多模式治疗研究(multimodal treatment study for ADHD, MTA)(Wells et al.,2000),它进一步为教养项目在破坏性行为障碍儿童中的应用提供证据。例如,注意缺陷多动障碍多模式治疗研究的家长训练项目包括上述教养项目中制定的许多策略,涉及35次团体和/或个体训练课程,为亲子互动、单独的家长训练(MTA Cooperative Group,1999;Wells et al.,2000),以及家长训练与药物管理相结合(Hinshaw et al.,2000;MTA Cooperative Group,1999;Wells et al.,2006)带来积极的结果。

因此,基于现有证据,家长行为训练无疑是破坏性行为障碍儿童的循证治疗(见 Evans et al.,2013;Eyberg et al.,2008;Pelham & Fabiano,2008)。家长行为训练是治疗注意缺陷多动障碍和对立违抗障碍/品行障碍综合方法的核心成分(Wells et al.,2000),国家组织和实践参数(practice parameters)已将家长行为训练确定为有效的一线治疗方法(American Academy of Child and Adolescent Psychiatry,1997;American Academy of Pediatrics,2001;American Psychological Association Working

Group on Psychoactive Medications for Children and Adolescents，2006；Pelham & Fabiano，2008）。证据表明，我们应将精力从讨论家长行为训练干预的有效性转移到宣传、强化和提升其在社区、学校和心理健康中心的应用。需要指出的是，上述方法均基于一致的行为修正原则。接下来先回顾一系列已开发和研究的家长行为训练参数，然后总结家长行为训练策略的实际应用。

未来展望

将家长行为训练整合到长期治疗模型中

由于破坏性行为障碍通常是长期的，并从儿童期持续到青春期和成年期，因此我们需要将家长行为训练整合到长期治疗模型中。目前，大多数教养项目是单独开展的，通常持续 2～4 个月。我们迫切需要解决如何在后续随访中维持治疗效果，并提供家长行为训练的其他项目等问题。

目前，后续随访数据表明，家长行为训练项目的影响在项目结束后可能会持续数年（Hood & Eyberg，2003；MTA Cooperative Group，2004；Reid et al.，2003；参见第七章相关内容）。例如，注意缺陷多动障碍多模式治疗研究包括家长行为训练、学校干预，以及在暑期集中开展的治疗项目，它在行为治疗效果持续性方面提供了有趣的结果。在注意缺陷多动障碍多模式治疗研究中，儿童被随机分配到强化行为改进治疗组、强化药物管理组、两种策略相结合的组，或者社区控制组。14 个月后，结合组和强化药物管理组报告的结果显著优于单一的强化行为改进治疗组和社区控制组（MTA Cooperative Group，1999）。但是，36个月后，各组之间没有显著差异（Jensen et al.，2007）。平均数表明，随着时间的推移，结合组和强化药物管理组的治疗效果逐渐减弱，而强化行为改进治疗组和社区控制组的治疗效果保持稳定。因此，与其他研究相似，注意缺陷多动障碍多模式治疗研究的结果表明，行为治疗（包括家长行为训练）是有效的，而且在治疗结束后效果会维持2年。

尽管家长行为训练效果的持续性很好，但是有很多接受过家长行为训练治疗的家庭在最初的治疗结束后，仍然在儿童管理和教养问题上存在困难。对于这些家庭，很少有文献对如何维持治疗效果提供指导。维持治疗效果的方法之一是使用强化课程。强化课程是后续的家长训练课程，通常出现在初始的家长行为训练课程结束后，应用频率略低。有一些证据表明，强化课程可以在家长行为训练课程结束之后促进积极结果（McDonald & Budd，1983），但强化课程作为家长训练项目的一部分，研究其有效性问题的文献并不是很多（Eyberg，Edwards，Boggs，& Foote，1983）。

家长行为训练课程结束后规定的强化课程的替代方案是家庭检查模型（family check-up model）（Stormshak & Dishion，2012）。在这个模型中，治疗师先与家长初步接触，随后开展多种方法的评估（参照第三章介绍的方法），根据评估提供反馈，然后给家长提供一份有关干预使用的潜在策略的清单。即便在那些对注意缺陷多动障碍儿童和青少年来说有困难的关键发展转换期（如进入幼儿园、进入中学、考取驾照），家庭检查模型也可以定期使用。有研究应用家庭检查模型对有物质滥用风险的六年级儿童进行干预，到九年级时，那些参与家庭检查模型的家长表现出更好的管理能力，使用酒精、烟草和大麻的青少年也相应比控制组更少（Dishion，Nelson，& Kavanagh，2003）。家庭检查模型强调家庭优势，包括促使家长改变，帮助家长更好地参与并维持家长行为训练项目。

家长行为训练的参数研究

家长行为训练的早期文献重要是因为，它们包括许多有关家长行为训练组成部分（如暂停）的复杂的参数研究（参见 Hobbs & Forehand，1977；MacDonough & Forehand，1973）。尽管这类研究在继续开展，但近年来很少有研究关注有效家长行为训练项目中的参数。例如，尽管大多数家长行为训练项目会在干预时先介绍积极教养策略，然后介绍消极惩罚策略，但仅有一项研究调查了教养项目内容顺序的影响，且结果表明相反的顺序（如先介绍消极惩罚策略，然后介绍积极教养策略）更加有效，会带来更高的用户满意度（Eisenstadt et al.，1993）。

家长行为训练的许多参数可以为注意缺陷多动障碍儿童的家庭增加研究关注。例如，与之相关的一个重要问题是，家长行为训练项目如何结合心理社会治疗。一些家长行为训练项目包含并行的儿童社会技能塑造项目（如 Cunningham et al.，1998；Pfiffner et al.，2007），而其他项目将亲子互动作为干预的一部分（如亲子互动疗法)。米勒和普林茨(Miller & Prinz，2003)发现，儿童不参与治疗过程可以预测家长干预的终止时间，因此将儿童参与作为一个重要因素整合到家长行为训练项目中或许可以促进参与性，但这个领域需要更多研究的支持。而且，许多有行为问题的青少年不仅在家里会表现出这些问题，他们在其他场合(如学校)也会遭受类似的挑战。因此，与学校相关的治疗是增强家长行为训练干预有效性的另一个重要因素(参见第五章)。考虑到这些因素，许多研究包含一系列家长和教师干预的治疗课程(如 Klein & Abikoff，1997；MTA Cooperative Group，1999)。但是，有少数研究将学校治疗和家庭治疗分离，比较单个因素与两因素相结合的效果差异(如 Barkley et al.，2000)。未来的研究需要将包含家长行为训练与其他干预方式的治疗分开，以比较每种新加入的干预方式对患破坏性行为障碍的青少年的治疗有效性。

另一个有必要探讨的参数(重要因素)是家长行为训练项目的内容。传统的家长行为训练项目通常在8~12周内——介绍教养主题，每周介绍一个新主题(参见上述有关项目介绍的内容)。其他的教养项目可能关注某个行为问题(如完成家庭作业、建立同伴关系)，介绍一系列旨在解决特定问题的策略(如 Mikami, Lerner, Griggs, McGrath, & Calhoun, 2010；Power, Karustis, & Habboushe, 2001；Sanders, 1999；Zentall & Goldstein, 1999)。目前，我们还不知道这两种方式哪种更好：是在团体家长行为训练中向家长介绍所有教养策略，还是以被转介过来的特定问题行为为主,详细介绍针对该问题行为的教养策略。

家长训练项目干预(训练)的频率和课程数量(次数)也需要参数研究来确定。治疗时间的长度有很重要的影响,尤其是对于那些持久的、严重的障碍,例如注意缺陷多动障碍。一方面,鉴于注意缺陷多动障碍的严重性,治疗需要很长时间;另一方面,治疗又不能太过密集或持续太长时间,因为家长可能会反应过度然后退出。事实上,问题儿童和青少年在成长过程中可能遇到的一个危险因素就是,家长因为要教导一个有问题行为的儿童而感觉负担过重,会逐渐"放弃",最终导致家长对儿童给予更少的教导和不一致的要求,这可能会加剧恶性结果(Dishion et al.,2004)。与我们之前介绍的强化课程相关,如何给家长行为训练项目提供最优的策略来促使干预持续下去,是未来研究需要关注的地方。

以上讨论并不是未来研究需要解决的全部问题。还有很多其他的基本问题也需要解决,如家长训练应该以团体的方式进行还是应该以个体的方式进行,家长训练应该在心理诊所内进行还是应该在家庭或学校等地方进行,家长训练是否应该包含亲子互动,等等,现有的研究并没有很好地解答这些问题。与此同时,儿童、家长或家庭的差异如何调节干预结果也需要得到更多的探讨。

家长行为训练的内容可能不仅仅是教养策略

家长因素(如家长的心理健康)是家长行为训练项目中非常重要的因素。雷诺和麦格拉思(Reyno & McGrath,2006)对家长行为训练结果进行元分析,发现母亲的心理问题(如抑郁)与家长行为训练效果呈显著负相关。还有研究者（Sonuga-Barke，Daley，& Thompson，2002）发现，如果母亲患注意缺陷多动障碍，那么她们参与家长行为训练的效果会减弱。因此，家长行为训练需要整合家长干预课程来解决问题（如愤怒管理、组织技巧）。基于这一点，那些旨在鼓励家长讨论教养之外的问题的家长行为训练项目有更持久的参与度（Prinz & Miller，1994）。

同时，其他循证治疗也可以应用于家长训练，其中的一个例子是抑郁应对课程（coping with depression course，CWDC）（Lewinsohn，Antonuccio，Steinmetz，& Teri，1984）。抑郁应对课程持续 12 周，配有使用手册说明，是基于社会学习方法的针对抑郁的心理教育团体治疗。该课程强调通过认知、情绪和行为的关系来减少负性情绪，初步研究结果表明，它可以帮助标准家长行为训练项目提升干预效果（Chronis，Gamble，Roberts，& Pelham，2006）。

有证据表明，即便是只关注教养技巧的传统家长训练项目，也会对婚姻满意度和母亲的心理健康有一定益处，哪怕干预不直接针对这些领域（Anastopoulos，Shelton，DuPaul，& Guevremont，1993；Pisterman et al.，1992）。可以预见，将针对这些领域进行的直接干预与家长训练结合起来可能会带来更大的改善。未来可以从整合何种主题、和谁一起、在何种程度上、用何种形式进行干预等方面开展研究。

家长行为训练的传播

包括家长行为训练项目在内的行为干预在社会中也有影响。

家长一般会对孩子使用行为修正策略（如暂停、禁足），电视节目也显示了行为教养策略在家庭中的使用（Sanders，Montgomery，& Brechman-Toussaint，2000）。家长行为训练项目被有效地整合进家长的工作场所中（Martin & Sanders，2003），且在全球范围内使用，它有效地修正了与破坏性行为障碍有关的问题（Dopfner et al.，2004）。

现在，家长行为训练已经被证明是一种有效的干预方式，我们需要继续传播这些可以有效治疗破坏性行为障碍的策略。尽管家长行为训练已经存在数十年，但它在临床上并没有得到广泛应用（Prinz & Sanders，2007）。创新的分层式家长训练模型，如积极教养项目，可以为更多家庭提供有前景的干预方法（Sanders，1999；Sanders & Turner，2005）。我们需要继续努力，将家长行为训练项目整合到学校和社区中，尽可能减少对破坏性行为障碍儿童的家庭的干扰。更重要的是，当家长行为训练项目在社区经过广泛实践后，我们仍要继续关注保持家长行为训练完整性的策略。那些将家长行为训练课程从临床诊所转移到社区（如家长的工作场所或儿童的运动场）的方法尤其可以提高家庭的参与度（Fabiano et al.，2012；Martin & Sanders，2003）。

家长行为训练的内容

在这一部分，我们将介绍一些特别的策略和技巧，以及教授家长使用这些策略和技巧的方法。这些单独的策略和技巧可以整合到我们之前介绍过的家长行为训练项目中。教育实践工作者可能会发现,有些策略和技巧对某些家长更有用(如饱受儿童作业问题之苦的家长可能会发现,制定课后规则的方法更有效;建立每日报告卡片的教师可能会与家长一起建立一个家庭奖励名单)。在接下来的特定教养策略中,我们将继续强调功能性干预方法对改善破坏性行为障碍的重要性。

关注和标记性表扬

正如第一章所讨论的,与正常发展的儿童相比,患破坏性行为障碍的儿童会得到更多负性反馈、批评、惩罚、命令和要求。出于这个原因,教养干预经常始于鼓励家长增加对积极行为的关注,并对适当行为和亲社会行为进行有意识的表扬和鼓励。对于前面介绍的所有教养项目,上述策略在干预开始时都会被提到。有趣的是,其他旨在增进情感关系的干预,如婚姻状况疗法,也将对另一方的积极关注,以及与另一方的积极交流(如倾听和求证)作为建立关系的重要技巧(Gottman,Notarius,Gonso,& Markman,1976;参见第五章)。

很重要的一点是,家长需要明白表扬不仅是对适当行为的奖赏,而且可以鼓励适当行为的出现。因此,它在功能性干预方法中既是适当行为出现的原因,也是适当行为出现的结果。后者很好理解——如果儿童表现良好,那么这种积极关注可以带来很好的强化。表扬也可以是行为产生的原因:家长主动关注和表扬儿童,这正是家长有必要作出某些行为改变的部分。作为家长,我们对儿童的态度通常是"不要多此一举自找麻烦"。如果儿童表现良好，大部分家长不会作出更多的努力强调已有的行为。这种方式对于养育一般儿童是有效的、可行的，但是对于已经受到很多负性反馈和苛责的儿童，不难想象家长和儿童将会进入一种实施惩罚之后出现不良行为的恶性循环。如果家长不作出一些努力来观察、强调和明确适当行为，那么家庭成员将不会形成积极的互动。通过主动地"捕捉儿童的行为"，家长有机会通过表扬来促进适当行为的形成，儿童也将会因为表现出适当行为而受到家长的关注。

表4-2列出了有效表扬（effective praise）和关注（attending）的关键部分。那些使用有效表扬和关注的家长开始关注儿童的适当行为，即便这些适当行为非常微小（如为队伍后面的人扶一下门，冲厕所，将沙拉酱的盖子放回原位）。家长要有效使用表扬和关注策略，就必须观察儿童的所有行为并系统性地关注和给予标记性表扬（labeled praise）。那些对破坏性行为障碍儿童而言非常困难的行为，如听从大人的指令，应该在儿童每次做到的时候都给予表扬。有效表扬的关键是标记性：家长会给出评论，具体说明表扬的特定行为。表扬的话可以这样开头，"我喜欢……""你做了……我为你感到骄傲""你……这样做真是太棒了"。这种标记特定行为的积极句式可以帮助儿童理解和识别那些得到成人关注的适当行为，因而他们会重复这些适当行为以成为关注的对象。

表 4-2　有效表扬和关注指南

组 成 部 分	例 子
当儿童作出适当行为时给予关注	当看到儿童没有家长的指导而主动将完成的作业放回书包里时,家长应该说"我很高兴你对自己的事情负责任"。 在晚餐时间,家长可以说"我很高兴你咀嚼东西的时候没有张着嘴"。
家长在儿童听从指令完成活动时进行表扬	在儿童听话地穿好鞋时,家长应该说"谢谢你第一次就听话"。 在被要求不要打扰妹妹时,儿童照做了,此时家长应该说"我很高兴你在我叫你停下来时照做了"。
明确表扬的特定行为	"我很高兴你在商店里愿意自己走路""在出去玩之前完成你的事情是非常成熟的做法""你没有在公交车上大吵大闹,我真为你感到骄傲"。 反例:"做得好""干得漂亮""你这么做是对的"。
标记性表扬的同时给予直观的鼓励、情感、热情和关注	表扬应该包括眼神接触,用热情而积极的口吻,微笑且真诚。既包括身体接触,如轻拍肩膀、整理头发、击掌,也包括积极的身体信号,如竖起大拇指、"ok"的手势。
表扬应该比指令、惩罚、命令和批评出现得更频繁	一般的经验是,表扬与惩罚的比例为 3∶1,即每出现一次惩罚、指令、命令或批评时应该相应地出现三次表扬。
当儿童表现出脆弱的、新的或不一致的适当行为时家长应该适时进行表扬	对于无法控制自己而打断家长之间谈话的儿童,家长应该在每次他们说完一句话时表扬儿童的等待。 对于一些需要持久注意力的学业任务,如写作业,家长可以在开始后每分钟表扬儿童保持注意力,直到儿童一直保持注意力。

续　表

组 成 部 分	例　　子
在儿童完成某个需要鼓励的行为时立即进行表扬	在听从指令之后要立即进行表扬。表扬也可以出现在家长希望增多的其他适当行为（"我喜欢你在想喝东西的时候加一个'请'字"）和合作行为（"我很高兴你让你的朋友先玩游戏机"）之后。
要平衡家里的每位成员得到表扬的次数	家长需要记住每个孩子都有相同的机会得到表扬。家长应该直接进行表扬，例如"谢谢你帮我卸下洗碗机，你知道我不喜欢干这个"。

　　表 4-2 中需要考虑的另一个因素涉及表扬和关注的质量。例如，表扬需要真诚。儿童很容易看出家长有没有用心，如当家长说"做得好"的时候脸上没有任何在乎的表情。没有标记的表扬也被看作是不真诚的。很多个"做得好"聚集在一起，就像收银员对每个来结账的顾客说"祝您有美好的一天"——我们很难将这种话当作真正的肯定。有时，家长也会撤销表扬。比如，家长会在一个肯定的陈述后面加一个否定的句子，"我很高兴你按时完成作业，为什么你就不能每天都这样做呢"或是"我喜欢你和哥哥合作……这真是个奇迹"。这些负面的、略带讽刺或批评的评论和前面的表扬结合在一起，不仅降低了表扬的价值，而且给儿童传递出整体的否定信息。为了不让这些因素破坏家长的努力，家长应该热情地表扬孩子，也可以在言语表扬时使用非言语性的社会奖励（如竖起大拇指），确保表扬没有任何负面的含义。

奖励和庆祝

毫无疑问,人们喜欢奖励(rewards)和庆祝(celebrations)。当体育场里免费发放 T 恤时,人们会蜂拥而上。我们都享受发工资的那一天,因为这是一个为完成工作设立的可预测的奖励。奖励也包括因达到一定的标准或表现出特定的行为而给予的特权或荣誉,如我们的保险费率会因为我们过去五年没有出现意外而降低,在教室里安静坐着且完成作业的儿童可能会得到帮教师传达消息的特权。人们也喜欢庆祝:我们庆祝生日、纪念日、退休,甚至是周五下午这种一周工作即将结束的时刻。人们认为,庆祝是特别的,因为它是对努力的肯定。奖励和庆祝具有强化作用,因为人们注重与自身相关的社会互动和关注,而且想要再次获得这些积极且有价值的体验。因此,奖励和庆祝是干预的重要组成部分,旨在减少问题行为和增加积极的、适应性的行为。

在帮助破坏性行为障碍儿童的家长时,向他们强调奖励和庆祝的价值是很重要的。原因之一是,这些儿童通常对奖励非常敏感,而且他们很可能会为了某种奖励而保持某种行为(Byrd,Loeber,& Pardini,2014)。因此,家长可以利用这一点在日常互动中使用奖励。而且,家长会发现,关注积极结果的训练方式要比强调消极结果的训练方式容易得多。

在讨论特定奖励之前,我们需要先回答几个在奖励过程中家长经常问到的问题。首先,一些家长说他们不想为了让孩子形成适当行为而"贿赂"他们。区分贿赂(bribe)和奖励(reward)很重要。贿赂是在目标行为完成之前给予奖励，一个典型的例子是，狡猾的商人给政客一笔钱让他支持对商人有利的决策——这不是我们所提倡的。相反，奖励只出现在目标行为完成之后，儿童可以选择是否想要通过作出某种行为而得到奖励。即便奖励是提前确定好的，也只有在行为达到要求时才给予。有些家长不愿意过多为适当行为提供奖励。可是，他们忽略了一个显而易见的事实：大多数儿童每天都会受到很多奖励（如看电视、户外玩耍、吃零食、使用电脑、玩玩具、坐车等）。那些将奖励作为行为管理的一部分的家长并没有增加奖励的使用，他们只是在做这么多年以来美国陆军一直在新兵训练营中所做的事情：先将权利收回，新兵们需要通过努力赢得这些权利。那些不支持对儿童本来就应该做的事情（如作业、家务、适当行为）进行奖励的家长可能没有想到，他们中的大多数也在做完应该做的事情之后得到奖励——工资！

表4-3列出了针对破坏性行为障碍儿童可以采纳的一些奖励。使用奖励的家长可以将一些奖励概念化为即时的奖励，并在许多互不关联的目标行为之后提供。例如，一个年纪较小的儿童在商店里很听话没有大喊大叫，那么他可以得到一块钱在商店门口的自动售卖机上使用；或者一个青少年在完成指定的作业之后可以获取电脑密码并玩半个小时的游戏。奖励也可以有一点延迟，在儿童完成一天的任务后（如从学校获得每日报告卡片上的积极报告；参见第五章）进行奖励。家长也可以选择在儿童持续表现

出很长时间的适当行为时(如在一周结束时)或达到某些标准之后
(如三天没有说脏话)进行奖励。

表 4 - 3　奖励和特权的例子

类　　别	例　　子
特　　权	推迟睡觉时间 拥有户外时间 不用做家务 推迟宵禁时间 使用汽车、自行车、轮滑 使用手机 选择零食、主食、甜点
屏幕时间	电脑 电视 平板电脑 手机
有形的奖励	钱 零食 玩具、游戏、奖品
获得成人关注	和家长的特别时间 选择一起玩游戏 给家长或亲戚打电话 一起读书
长期的奖励	玩具、电子游戏 和朋友一起玩 在朋友家过夜 在饭店用餐 特别的活动(如游泳或健身、拜访亲戚、爬山) 街机之旅、弹跳屋、镭射游戏

家长在进行奖励时可以有一些创新。例如，我的博士生导师佩勒姆（Bill Pelham）在这方面给了我很好的建议。我辅导过一对夫妻，他们的孩子想要一个新的电子游戏。家长觉得不是不可以给他买，但它作为一天的奖励实在太多了。在这种情况下，他们让孩子画一幅电子游戏的封面图片，将封面图片剪成十张纸条。每天，当孩子完成预期的任务时他便会得到一张纸条。当他拿到十张纸条时，就可以用它们换取一个大的奖励。家长对孩子"真正"赢得奖励感到满意，而孩子也很享受这个过程。另一个创造性的奖励方法是家长可以提供一个"奖励包"（例如免于家务卡片，家长早上开车送儿童去上学的卡片，零食卡片），儿童每次随机抽取一张。这样的方法还可以通过加入一些"超值卡片"（如一张 5 美元的钞票，一张电影票）来增加奖励。儿童既可以被奖励的随机性所激励，也可以被获得更大奖励的可能性所激励。

通过观察儿童在自由时间选择的活动和家里的物品，家长可以识别出哪些活动和物品对儿童来说是奖励。这是一种调查儿童行为与奖励之间功能性关系的简单方法。如果儿童经常试图引起家长的注意（如直接对家长说"我好无聊""快看看我""跟我一起玩"），那么与吸引家长注意有关的奖励更合适（满足获得关注的功能）。如果家长感到自己经常需要将儿童从屏幕（如电脑、电视机）前拉开，那么屏幕时间可能是一个很好的奖励（满足获取喜爱的活动的功能）。如果儿童经常要新的棒球卡、动作明星海报、化妆品，那么家长可以将这些物品作为奖励（满足获取物品的功能）。

家长也应该识别一些潜在的奖励来构建自己的奖励名单,这样可以防止儿童对同样的奖励丧失兴趣。举个例子,一个喜欢玩电子游戏的儿童可能在完成所有闯关任务后产生厌倦。一个喜欢看电视的儿童在每个周二行为表现异常,后来我们发现周二晚上没有该儿童喜欢看的电视节目。这些例子都说明了使用单一奖励的局限性。

庆祝也应该与奖励项目相关联。庆祝通常是在家庭中进行的——生日蛋糕、贴在冰箱上的绘画作品、收到的卡片,这些都是有奖励性质的庆祝。因为破坏性行为障碍儿童在努力改善自己的行为,所以这些公共的庆祝活动可以有效加强他们改善行为的目标。公开发布可以帮助家长庆祝和监控进展。公开发布也是促进行为改善的有效手段,因为儿童希望自己的好行为被别人看见。在一个社区内,公开奖励包括成为电视新闻中的焦点,或者登上报纸的荣誉名单,餐馆或商场里张贴的"每月之星",街机游戏上最高得分旁边的名字缩写,学业成绩优秀栏上自己的名字。这种方法也可以应用到家庭中,来给儿童庆祝他们的良好行为。对于学前儿童,家长可以在"表现板"上为每一次的适当行为贴一张贴纸;对于小学生,家长可以为每一次顺利完成作业绘制目标进度图;对于青少年,家长可以为每一次的适当行为制作小纸条并放到午餐盒里。和前面提到的奖励行为一样,庆祝行为也需要真诚且频率适当。通过适当的频率,奖励和庆祝可以促进适当行为的出现并使之持续。

建立规则和惯例

规则无处不在。限速标志在道路上随处可见，公共游泳池规则提醒我们不要在游泳池旁边嬉闹和嚼口香糖，草坪旁的标志告诉我们"勿踩草坪"，餐馆的指示牌告诉我们"拿号排队"，在飞机上我们被警告不能卸下厕所里的烟雾报警器，办公室的冰箱也有规则——某个人从家里带来的食物上面可能有"不要吃我"的标签！有些规则甚至不需要用文字说明。例如，图书馆或电影院里手放在嘴边的图片是在提醒我们要保持安静。简单地说，规则定义我们在某个场合的适当行为。

规则是家长干预的基石。家长应该对破坏性行为障碍儿童建立规则这一点尽管听起来理所应当，但是大多数家庭的规则都是内隐且不明确的，这样问题就会产生。比如，去亲戚家拜访的时候要听话就是一个内隐的规则。因为"听话"对于家长和儿童可能有不同的含义。破坏性行为障碍儿童可能从别人那里听到很多有关他们行为的内容，只有明确的规则才能帮助他们关注人们主要的行为期待，从而不拘泥于特定场合。对于破坏性行为障碍儿童，规则通常针对那些一旦违反立刻就会产生后果的行为。对于微小的行为（如完成家务、目光交流），最好通过有效的指令来干预，如下文所示。

家里的规则包括"不能欺负别人""尊重别人""使用合适的语言""11点上床睡觉""听大人的话""不能说脏话""没有家长的允许不能带朋友回家""不能喝酒或抽烟""说实话""不能偷东西"以

及"爱护财产"。一旦家中建立了这些规则,家长就应该清楚地标记且经常重申。就像标记表扬一样,家长在反馈时应该对遵守和违反规则的行为给予清楚的描述(如"你晚上 11:15 才回家,违反了 11 点睡觉的规则")。家长也应该使用规则来鼓励遵守规则的行为,这可以通过每天早晨和儿童一起浏览一遍规则来实现。尽管刚开始可能感觉有很多规则要浏览,但是这样做比违反规则后再提醒儿童要好得多。

惯例也可以鼓励儿童形成适当行为。对日常活动的预测可以帮助儿童理解并期待转变。如果每天下午 3:30 做作业,而且维持一个月,那么尽管做作业不是儿童喜欢做的事情,儿童通常也不会对此发脾气。相反,如果做作业这项活动总是发生在不同的时间,儿童可能会发现通过发脾气可以推迟这项活动。惯例也使家长做事情井井有条,这会在家长忙起来以后变得越发重要。惯例也可以帮助家长减轻压力,使得家长有更多精力抚养孩子。

计划性忽略

我们在前面介绍的表扬和关注中已经讲到家长关注的重要性。基于此,家长可以只关注适当行为,而对不适当的行为不给予关注。回想一下第一章介绍的破坏性行为障碍儿童的早晨,家长、兄弟姐妹和同伴的所有注意力几乎都集中在儿童的负面行为上,很少关注儿童的积极行为。在这种情况下,家长再好的标记性表扬也不会有很大效力。更何况,家长一天内大部分注意力仍然集中在儿童的负面行为上。一种解决方法是,在积极关注适当行为的同时,有策略地忽视负面行为,尤其是那些试图引起家长注意的负面行为(如抱怨、打断)。

计划性忽略(planned ignoring)策略的一个关键问题是,如何决定哪些是应该被忽略的行为。通常的经验是,忽略那些引起轻微恼怒的行为,如抱怨、发牢骚、不耐烦、哭泣、乱发脾气等。这些行为的主要目的通常是引起大人的注意,以及要求大人参与他们的某项活动。通过忽略这些行为,家长消除了潜在的强化——负强化或成人关注形式的正强化。有些行为不能被忽略,如那些违反家庭规则的行为、欺负行为、不尊敬行为,或家长不能容忍的其他行为。

如果家长事先知道儿童的某些行为在被忽略时会先明显增加然后减少,那么家长可以更多地使用这种策略。这称作"消弱突现"(extinction burst),它是一种常见的行为规律,即行为会在变好之前先变坏。比方说,家长决定用计划性忽略来改善儿童晚上不肯睡觉的行为。在此之前,家长可能会告诉儿童停下来,跟他/她讲道理,解释为什么人们需要睡觉。如果使用计划性忽略,家长只需要发出睡觉的指令,回避其他讨论,不作任何有关睡觉的解释。我们不难预测儿童对家长这种全新的行为的反应,因为去睡觉(一天中最无聊的活动)的要求没有改变,只是家长对儿童的抗议的反应变了。一个合乎逻辑的反应可能是,儿童猜测家长没有听到他们的抗议,或者他们的抗议还不够强烈。因此,儿童可能会加大他们抗议的力度。如果家长可以维持计划性忽略,那么儿童很有可能增加抗议的时间和强度,但是过了一段时间(如一周之后),儿童了解到抗议改变不了什么。与此同时,家长可以在儿童表现出适当行为时给予一些奖励(如晚睡),这样可以系统性地给儿童传递适当行为可以改变家长的反应的信息。如此,晚睡可以通过适当行为而非不适当行为来获得。

有一点需要注意,当家长开始忽略那些以前可以吸引家长注意或让家长妥协的行为时,消弱突现通常会出现。如果家长没办法接受儿童的不良行为在减少之前明显增多,那么计划性忽略可能不是一个好的选择。也就是说,如果儿童发现他们提高抗议的频率或强度可以吸引家长的注意时,他们就会觉得家长的这种忽略并不是故意的,他们只需要增加某种抗议,家长就会妥协或注意他们。这就可能会使家长陷入更加困难的境地。因此,选择使用计划性忽略的家长必须愿意"破釜沉舟"以达到目的。尤其是在家长最容易注意儿童的时候(如行为已经变得令人非常恼火),家长必须忽略这些行为以防止它们继续出现。

有效指令、要求和指示

20世纪70年代和80年代,福汉德及其同事完成的关键研究系统地考察了增加或减少顺从行为的指令和要求的参数。研究强调了儿童破坏性行为障碍最常见且最重要的一个前提:家长的指令和要求。在早期研究中,福汉德及其同事邀请家长和儿童到实验室,并要求家长叫儿童作出一些捡起玩具、完成任务和回应其他指令的行为。研究人员在观察室里观察并记录儿童顺从和不顺从的指令。有时,研究人员通过耳塞式耳机对家长传递指令,要求他

们观察儿童对特定指令或指令序列的反应。该研究对有违抗行为
的儿童的干预具有重要意义。研究发现，违抗行为在指令增多时
显著增加（Forehand & Scarboro，1975），儿童更容易顺从没有任何
后续评论或多余指示的直接指令（Robert，McMahon，Forehand，&
Humphreys，1978），模糊、不清楚或随意的指令可以显著预测儿童
的违抗行为（Forehand，Wells，& Sturgis，1978）。这些发现为每
天要下达众多指令的家长提供了行之有效的建议。

在探讨有效指令的特征之前，我们先看一下无效指令是什么
样子的。很多研究对此已经介绍得非常详细（Forehand & Long，
2002；Pelham et al.，1998；Walker & Eaton-Walker，1991）。
表 4 - 4 列出了有效指令和无效指令的一些特征。

表 4 - 4 有效指令和无效指令的特征

无 效 指 令	有 效 指 令
• 发出时不确定儿童是否注意	• 只在儿童注意时发出指令
• 包括多个步骤	• 包括儿童可以操作的步骤
• 模糊的	• 具体的
• 以问题的方式发出	• 以指令/指示的方式发出
• 不清晰的句式（"让我们……"）	• 清晰的句式
• 消极句式	• 积极句式
• 冗长的	• 精确的

无　效　指　令	有　效　指　令
• 提供很短时间来完成	• 提供适当的时间来完成(如5～10秒)
• 持续很长时间	• 有限的时间
• 没有反馈的重复	• 在服从(表扬)和不服从(重复指令)的情况下提供反馈

注：参见研究(Forehand & Long, 2002; Pelham et al., 1998; Walker & Eaton-Walker, 1991)。

无效指令最显著且最重要的特征是,在儿童还没有注意的时候就发出。我想任何一个有过在伴侣看电视或看电脑时向他/她发出指令这种经历的人都了解这是一件多么困难的事,伴侣正在做的事情分散了他/她对指令的注意力。因此,不难想象这对儿童来讲是多么具有挑战性的事情。无效指令指的是,那些在另一个房间,存在干扰物的情况下,或者不确定儿童是否认真在听的时候(如儿童与家长没有眼神接触)发出的指令。有效指令只有在儿童注意力集中的情况下发出他们才会遵从。有时,这很容易做到,比如叫儿童的名字或停下来直到儿童看家长,此时再发出指令。对于年纪尚小的儿童,家长可能需要弯下腰,使儿童的眼睛看向家长的眼睛。对于年纪稍大的儿童,家长需要在发出指令前加一句"看着我"。对于青少年,一句"我要发出指令了"可以使他们的注意力转向接下来你要说的话。当然,有时在厨房对儿童发出吃饭的指令对于很饿的儿童是有效的，但大多数时候，家长需要和儿童处于同一个房间来确保在儿童注意时发出指令。

无效指令也包括一系列连续的行为指令。例如，"回你的房间去，把枕套放到枕头上面，把脏衣服放到篮子里，把整理箱拿出来，收拾地上的所有玩具，拿出你明天上学穿的衣服，记得把从图书馆借来的书放进书包里"。家长总是抱怨，"我的孩子如果能做好我布置给他的第一件事就很好了"。许多家长甚至自己都记不住他们那些冗长的、连续的指令！有效指令是一一发出的。在儿童完成最初的指令后，家长应该利用这个机会表扬儿童，然后发出下一个指令。有时，家长可能需要先分析任务，然后将任务拆分（如列出清理房间的每个步骤，然后按顺序发出每个步骤的指令）。

无效指令通常比较模糊，以问题的形式发出，采用不清晰或消极的句式（如指出什么不能做），且通常较为冗长。模糊指令是那些伴随着我们长大的句子，如"注意""听着""好好做""闭嘴""把它关掉""停"。虽然这些指令暗示了一些要表现出来的行为，但是从儿童的角度看，这些指令还不够明确，因此儿童并不清楚到底要做什么。可行的方法是，通过明确的语言一条一条发出指令。与其对着在餐馆里转来转去的儿童发出"听话"这种模糊的指令，家长不如说"坐好了"，它明确地表述了儿童应该怎样做。通过问题的形式发出指令（"难道你不觉得现在应该做作业了吗？""难道你不应该把它放下吗？"）有一个潜在的问题：它们表明儿童是有选择的。大多数情况下，家长发出的指令儿童是没有选择的。因此，以陈述的方式发出指令更有效,这样儿童就不会错误地以为他们可以选择不顺从。与此相似,那些以"让我们……"开头的句子也存在同样的问题,它们让儿童觉得家长会和他们一起完成任务。除非家长想坐下来帮助儿童写作业,否则不建议使用"让我们开始做作业吧"这样的句子。除了直接,指令也应该精确。冗长的指令,如"你知道我喜欢那个桌子,你拿着倒满饮料的杯子让我很紧张。把它放下来,我可不想它洒了。如果它在桌子上留下污渍我可受不了",包含太多信息,儿童无法完全理解。更好的措辞应该是"把饮料放回厨房"。有关指令措辞的最后一个问题是,它们通过积极还是消极的方式表达出来。消极的指令告诉儿童什么不能做,而不是什么能做。举个例子,家长带着儿童去超市买菜,消极的措辞会使儿童面临无数他不应该做的事情("不要跑""不要碰这个""不要碰那个""不要捡那个东西,它是垃圾""不要站在过道中间",等等)。更简洁有效的措辞是告诉儿童他应该做什么。比如,还是在超市买菜的例子,家长可以说"在过道里走路的时候把一只手放在购物车上"。

围绕指令本身可能还会有更多指令,包括父母期望儿童顺从多久,顺从的时间,以及不听话的时候需要做什么。许多家长在遭遇儿童的抵触时会发出无效指令,如"再也不要这样对我讲话!"或"到佛罗里达之前,只要是在我的车里就不要跟我讲话!"这种指令在很长一段时间里一定不会有效。对于儿童和青少年,我们建议将指令的时长限制在一个较小的范围内(如"在接下来的2分钟里在桌子前坐好"）。除此之外，很重要的是，一旦发出指令，家长需要给儿童一定时间来回应。大多数家长期望指令下达后儿童立即照做，所以许多时候会以简单的方式不断重复（"过来穿上衣服，快点，穿衣服，快点，快点……"），通过这种方式让儿童立即照做。但是，儿童经常需要时间来接收指令进而听从指令。将指令的步骤分解开来，儿童首先需要接收指令的听觉信息，停下当前的行为，在工作记忆中处理指令的信息，决定如何开始这个行为，将认知结果传递到肢体或语言系统，然后才能作出相应的行为。

其实，这是个相当复杂的过程，即便对于穿衣服这么简单的事情。因此，有效指令通常是家长在发出每个指令之后停顿 5～10 秒钟，然后再说话。这可以给儿童一定的时间来处理和遵从指令。关于指令，我们最后要说的暂停会在下面详细介绍。许多无效指令是无意义的重复，如果家长对儿童说了 20 次去睡觉儿童都没有照做，而家长仍没有采取任何应对措施，儿童就会忽略这 20 次指令，因为这些指令占用的时间让儿童更晚上床睡觉。有效指令总是与好结果相伴，顺从之后会得到表扬，不顺从则会面临家长预设的后果，可能是对指令的重复、暂停，或者取消特权。

暂停正强化和取消特权

许多家长都会惩罚儿童的不良行为。一个具有破坏性行为的儿童理论上会比一般儿童更常表现出应受惩罚的行为。用于儿童的常见惩罚程序包括暂停正强化（time-out from positive reinforcement），或者简称暂停(time-out)。需要注意的是,暂停是撤除正强化,它再次强调我们前面所讲的关注、奖励和庆祝的重要性。只有在整个环境为正强化的情况下,暂停策略的使用才有效。

暂停策略的使用已经有很多年的历史。从本质上来讲,它就是美国学校早期给学生设置的"笨蛋帽"(dunce cap)[①],而美国监狱系统则根据暂停的原理指导行为。关于暂停,最早的学术描述来自斯塔茨(A. W. Staats):"我将暂停的主要步骤用在我两岁的女儿身上。当她作出不恰当的行为时,我会把她抱起来,将她放在她房间的摇篮床上,然后告诉她只能待在这儿除非停止哭泣。如果我们在餐馆或其他公共场所,我会将她抱起来带出去,在此期间不作出任何亲密的举动。"在此之后,破坏性行为障碍的家长训练领域的改革者将暂停纳入家长训练项目。例如,作为家长管理训练的一部分,帕特森(Patterson, 1975a, p. 73)指出,暂停是"将儿童从可以获得许多强化物的地方带离出来,把他放在一个无法获得强化物,或只能获得很少强化物的地方"。从那时起,暂停作为一个行为管理策略被家长广泛使用。确实,暂停是儿科医生针对攻击性儿童推荐的最普遍的策略(Scholer, Nix, & Patterson, 2006)。此外,与第一章描述的人们对有破坏性行为的儿童的家长提出了更高的要求这一点一致,注意缺陷多动障碍儿童的母亲使用暂停的次数比一般儿童的母亲要多(Stormont-Spurgin &

[①]　一种用纸做成的尖顶帽子,戴在不听话的学生头上。——译者注

Zentall，2006）。总之，暂停的使用已经有很长的历史，并且它是行为干预从实验室拓展到真实场景中最突出的成功案例之一。

遗憾的是，暂停得到广泛使用的同时也偏离了最初宗旨，使其效果变得没有那么好。暂停是在家长言语指令无效的情况下最常见的行为干预方式之一。研究者（Barkin，Scheindlin，Ip，Richardson，& Finch，2007）发现，三分之一的家长反映他们管教儿童的方法没有效果。这个结果并不令人惊讶——家长不得不在具有挑战性的情境下（如儿童违反家庭规则或实施攻击行为）惩罚儿童，如暂停。在这些情境下，家长和儿童本身都是非常情绪化的，这可能是惩罚不一致或有些偏离最初宗旨的原因之一。很少有人可以在愤怒、悲伤或尴尬的情境下依然保持最好的状态。因此，在实施惩罚措施如暂停之前，有些原则非常重要。

一个非常重要的提醒是，暂停只有撤除或中止正强化才是有效的。当家长对儿童在做作业、做家务、准备睡觉或等待校车时出现的不适当行为进行暂停惩罚时，我们需要考虑这些活动是不是正强化事件，暂停是否在这些情境中有效。其他活动可能或多或少些正强化作用，这要根据儿童个体来判断。尽管游泳这项运动对于很多儿童具有正强化作用，但有一个我曾经会诊过的儿童，他每次到游泳池都会出现攻击行为，接着就会受到暂停的惩罚。后来，我们发现这名儿童非常害怕游泳，他通过这些消极行为来故意受到暂停的惩罚，以避免接触自己害怕的运动。在这种情况下，暂停才是儿童想要的强化事件！家长必须确保暂停没有强化作用。让儿童在房间里暂停可能没有效果,如果房间里有电脑、电视、玩具和手机。最后,如果家长发现自己在一天中多次对儿童作出暂停的惩罚,那么它可能会变得无效。让暂停有效的一个方法是尽可能少地使用它。这意味着,家中的整体氛围应该偏向于正强化,而暂停是一个对负面行为有威慑力的惩罚措施,因为儿童希望可以一直处于正强化的环境当中。也有一个例外,当暂停被第一次用作惩罚时,由于消弱突现现象,儿童的行为可能在变好之前先变得更差。

当决定家长如何在干预计划中使用暂停时应该考虑一些参数(因素)。表4-5列出了这些参数(因素),以及相关方法的研究证据(Hobbs & Forehand,1977;MacDonough & Forehand,1973)。家长必须考虑的有关暂停的一些初始参数(因素)包括,如何在合适的时候执行暂停。这涉及一些预先设想的计划来决定何种行为会导致暂停,应该如何告知儿童需要暂停,在哪里暂停,暂停要持续多长时间,以及暂停如何结束。接下来简要介绍这些内容。

暂停应该根据事实来实施。如果呵斥、讲道理、责骂、板着脸、摇手指这些方式有用,那么我们没有理由首先进行暂停,大多数破坏性行为障碍儿童都多次经历过这些结果。家长应该为暂停建立规则,包括哪些行为会导致暂停(如攻击行为、多次不听指令),以及每次暂停的时长(如不再违反规则或出现辱骂行为,待在暂停的地方直至解除暂停)。

表 4-5　干预计划中使用暂停需要注意的参数(因素)

参数(因素)	相关研究证据
告知暂停的原因	没有直接证据表明这会给儿童的行为带来不同,但通过言语告知儿童暂停的原因,或许可以帮助家长在执行暂停时保持一致。
在暂停前进行警告	警告可能会减少暂停的次数,因为它可以作为行为变化的预示。这对不顺从的行为更有效,而对攻击性/干扰性的行为作用较小。
暂停的场所	没有很多证据支持隔离和观察的差别。允许儿童看到如果不暂停会怎样可能有帮助,因为它让儿童看到在暂停时错过了什么。
暂停的时间长度	总的来说,相对短的暂停(如 5 分钟)比长的暂停(如 30 分钟)更有效。
告知结束暂停的可能性	在暂停中告知保持适当行为一段时间后可以结束暂停是非常有效的。有研究表明,这可以在暂停中改善行为。

　　家长应该建立暂停区域。它可以是一个固定的区域,如台阶后面或餐厅角落的某把椅子。家长也可以根据家庭成员所在的场所来选择暂停的区域(如户外、商店或厨房)。另一个在实施暂停前需要考虑的问题是暂停持续的时间。根据场所的不同,推荐的暂停的时间长度也会不同,但现有证据表明暂停时间并不是越长越好。法比亚诺及其同事(Fabiano et al.,2004)在研究中对注意缺陷多动障碍青少年实施了短时间(5 分钟)和长时间(15 分钟)的暂停,结果表明短时间的暂停更有效。类似的结论也出现在针对不顺从的青少年的研究中(Hobbs & Forehand,1977)。监控暂

停对家长来说是有压力的,对儿童来说则是非常不开心的,如果效果相同,我们应该尽可能地使用时长相对较短的暂停。而且,这可以让儿童更快进入正强化的环境中,增加儿童得到表扬、奖励和建立自信心的机会。如何结束暂停也是家长应该提前计划的问题。并没有很多证据来指导家长如何较好地结束暂停,但是如果儿童在结束暂停之前能表现出短暂的平静和遵守规则的行为,那么此时结束暂停是较好的。如果对结束暂停的标准没有要求,那么可能造成儿童在暂停结束时出现另一种问题行为,因此又被暂停。暂停一旦结束,家长可以跟儿童有一个简短的对话,询问儿童是否知道什么导致暂停,来确保儿童明白惩罚的原因。在此之后,家长应该尽快让儿童回到原先没有暂停的环境中。虽然这很困难,如果儿童表现出使家长生气的行为并又导致最初的暂停,但是从长远角度考虑,暂停应该和原先的环境有很大的差异,如此才能达到抑制负面行为的目的,因为暂停是舒适环境的对立面。

暂停的实际场所对青少年来说没那么重要,禁足(grounding)就可以起到将青少年从正强化的环境中分离的作用。比如,家长可以拿走车钥匙、手机,切断青少年和朋友的联系或取消其他特权。尽管家长倾向于长时间取消这些特权(如几周或一学期),但我们并不推荐这样做。首先,家长很难长时间维持相同的惩罚,而且惩罚的时间越长,青少年就越难将问题行为和惩罚联系在一起(最终只会觉得不公平)。也许最重要的是,如果家长将正强化物从青少年身边长时间地移开,暂停就会失去它本身的惩罚功能,因为青少年没有机会去体验正强化的环境。因此，对于年纪较大的青少年，惩罚的时间最好不要超过一天或两天，除非他们有非常严重的违规行为。

提前计划

前因（antecedents）和后果（consequences）可以对行为产生深远的影响。家长事先作好操纵和改进通常比事后采取措施更有效。这是因为，后果通常发生在消极行为之后，而大多数家长和儿童在消极行为发生后都很难处于最好的状态。与之相反，如果家长事先防止某个消极行为的发生，那么可以避免由消极行为的惩罚带来的不愉快气氛，相反，家长可以和儿童一起享受由适当行为带来的愉快气氛。

因此，提前计划（planning ahead）是一个重要的教养策略。提前计划的一些原则在我们之前的讨论中也出现过，家长可以根据儿童的个人喜好和行为提前计划。方法之一是，在日程安排中使用普雷马克原理（Premack principle）。简单地说，普雷马克原理是将不那么喜欢的事情排列在喜欢的事情之前。这可能包括"先吃蔬菜，然后你就可以吃甜点了""你做完家务就可以出去玩了"或"你做完作业就可以读从图书馆借来的书了"等指令。这种方法之所以可行，是因为将有吸引力的活动排在不那么有吸引力的活动之后。这也就是不在周一发放工资的原因，工资只在我们完成一周的工作才发放。

家长可能也会发现，当常规日程发生改变时，提前计划是有帮助的。破坏性行为障碍儿童可能很难处理难以预测的事情，有时他们会对拜访亲戚、去商店或餐馆，以及开始新的娱乐或社区活动产生过度反应。在这些情境下，家长可以使用前面提到的策略来建立新的规则和随因强化,以及实施奖励与合理的惩罚,让儿童或青少年提前对活动产生预期,这些措施或许可以防止消极行为的产生。就算儿童确实出现了一些有挑战性的行为,家长也可以游刃有余地应对,因为计划已经提前制定好。

本章小结

本章整体性地回顾了教养项目,它们通常是介绍本章后半部分讨论的基本教养策略的有效途径。图 4-1 概述了与家长合作

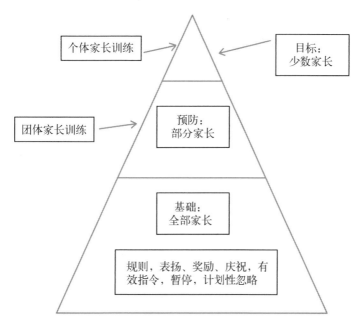

图 4-1 与家长一起培养行为管理技能的分层方法中的干预组织结构

的方法，强调为所有家长制定基本策略。许多破坏性行为障碍儿童的家长可能需要在一段时间内参与团体家长训练课程，以学习和尝试不同的教养技能。少数家长可能需要个体家长训练，这处于金字塔的顶端。面向家长的教育实践者可能会发现，讨论和促进这些基本策略的使用，并将它们与学校干预策略和适应技能干预策略结合起来是有帮助的，学校干预策略和适应技能干预策略将分别在第五章和第六章介绍。

第五章
学校干预

在贯穿儿童发展各个阶段的学校环境中,破坏性行为障碍都是一个普遍的问题。教师始终认为,有效的课堂管理即使不是他们专业实践中面临的最重要的问题,也是他们面临的主要问题之一(Rose & Gallup, 2006)。任何试图管理一个由 25 名儿童青少年组成的团队,并引导他们朝着统一的行为目标前进的人都知道,这可能是一项艰巨的任务。此外,任何一个较大的青少年群体都可能有人表现出破坏性行为,这将提升课堂内的整体破坏性水平。令人惊讶的是,在这种情况下,教师在教师教育项目中接受的有关有效课堂管理程序的正规指导和应用实践相对较少,而一旦教师正式开始工作,这种支持就更少了,因为此时教师面临的重点通常是有效的教学和课程实施。然而,如果教师不能持续有效地组织、强化并向学生提供正确的反馈,那么他们的教学将会遇到相当大的困难。

与第四章的讨论相似,认识到教师很可能参与许多活动来管理和约束课堂中的破坏性行为很重要。问题在于,对具有严重破坏性行为的儿童来说，使用其中的一些策略可能是不够的，甚至有时会适得其反。第一章描述的强制过程也可以在教师的课堂环境中一起展开。不难想象，刚开始一名儿童表现出的破坏性行为会比较温和，比如仅仅叫喊、翻白眼和抱怨，或者在教师下达指令时不服从，而教师对这些行为的反应是训斥、不赞成的表情和公开的纠正。随着时间的推移，这种互动可能演变成更直接的破坏性行为，比如顶嘴、辱骂，或者行动上的不服从（如扔掉未完成的作业）。这些负面行为可能会导致教师更加努力地控制儿童的行为，尽管是以一种非系统的方式，包括吼叫、取消特权、忽视不适当行为。最终，儿童可能会大大提升破坏性行为的强度（例如，当教师指示学生开始做作业时，学生把整张桌子推倒；通过咒骂或对教师大喊大叫来表现明显的不尊重）。值得注意的是，在这种情况下，儿童和教师并没有一开始就表现出密集的过激行为，也没有一开始就努力去控制这种行为：这是一个随时间推移而演变的过程。这也是一个可以纠正的过程，可以通过更细致、更系统的方法来纠正儿童和教师不断增多的负面行为。

本章将回顾管理破坏性行为和促进不同强度的适当行为的过程。最初的策略可供教师在整个班级或整个学校使用。进阶策略将更具针对性，更适合破坏性行为水平较高的儿童。第十章还讨论了如何将这些干预整合进一个分层的问题解决模型中，以管理学校环境下的行为。就本章的目的而言，这些策略将首先被组织成基础水平的方法,其次被组织成可以用来防止更严重的破坏性行为的方法,最后被组织成对具有严重的和持续的破坏性行为的青少年而言可以在学校使用的方法。图5-1说明了在一个被广泛接受的预防/干预框架中,该如何组织整个学校和班级干预的级别/层次。读者可以参考其他一些非常好的资源来促进适当行为和减少课堂上的破坏性行为(如 DuPaul & Stoner,2004;Gresham,2015;Lane et al.,2011;Walker,Colvin,& Ramsey,1994)。

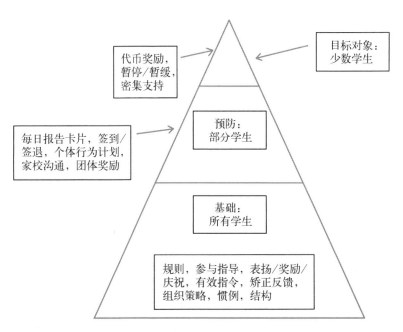

图5-1 学校行为管理分层方法中的干预组织结构

基础策略

正如第一章所指出的，在一个典型的上学日，破坏性行为障碍儿童有相当多的负面经历，包括斥责、命令、转移注意和忽略适当行为。这些负面经历可能来自教师、同学，以及学校其他工作人员，如校车司机、助理，办公室和食堂工作人员以及管理人员。为了消除这种负面影响，应该在教室内实施一些普遍性策略，以确保为儿童提供一个强化的、支持性的、一致的环境。在讨论有效的教养策略时，第四章介绍了许多策略。因此，本章的讨论将根据学校的情况进行，而不再重复已经在家庭和养育子女方面讨论过的内容。

学校和课堂的规则

学校的规则（如各种规章制度）无处不在，包括走廊规则（如"放低音量""不要奔跑"）、课堂规则（如"彼此尊重""听讲""尽你最大的努力"）、食堂规则（如"坐在你的座位上""使用适当的餐桌礼仪"）、校车规则（如"汽车行驶时坐在自己的位置上"）和操场规则（如"注意安全"）。这些规则经常被张贴在显眼的位置，让所有人都能看到，它们为学校环境奠定了基调。

一定要认识到，虽然规则是适当行为的重要前提，并为学生提供一套明确的行为预期，但规则本身不太可能提供足够的激励来促进课堂环境中的适当行为。一项早期研究（Madsen，Becker，&Thomas，1968）表明，仅仅在课堂上执行规则并不能让学生的行为发生明显变化。只有当这些规则与其他干预（如系统地表扬适当行为和忽略不适当行为)相结合时才会有效。因此,接下来将介绍与明确的学校/课堂规则相结合的其他干预。

规则在学校里是有用的,因为学生来自不同的家庭环境,并承载着家长的不同期望。在这种多样化的体验中,学校的规则通过引导所有学生适应学校及其相关场所(如校车)的期望,为学生提供公平的竞争环境。教师应该在每次活动前例行复习各种规则(例如,我们要进入大厅。记住,我们的规则是"不许说话""站成一排""向右排队"和"保持步行")。随着学生对规则越来越熟悉,教师可以要求学生概述规则,以检查他们在特定情境下的记忆力。尽管有时看起来有些多余,但最好在整个学年每次活动之前都复习一下规则,这是儿童表现出适当行为的前提。道路规则说明了这一点:限速标志期望所有司机一直遵守限速规则,因此不会仅仅在一年的头一两个月张贴,之后立刻取下。当然,新司机将处于不利地位,因为他们甚至不知道有限速,一些熟悉路况的司机也不太可能记住该道路的具体规定。即使是每天都经过该道路的司机,也需要看到限速标志才会适当减速,因为他们可能会被其他事情分散注意力,从而无法专注于速度控制。学校的规则与上述情况大致相同:它们应该全年在显眼的位置张贴并定期审查,用于引导和明确全校学生的行为预期。

规则在初中和高中也很重要,甚至可能更重要,因为他们与成年人的互动很频繁。这意味着,规则不仅需要被明确传达给儿童和青少年,而且对它的修改需要依据具体场景而变动。例如，在一所高中，在科学实验室里是允许走动的，但在语言艺术研讨会上是不允许走动的。对于饮食、手机使用、准时上课和为上课作好准备、走廊上的行为期望（适当的音量、上下楼梯靠右）、欺凌和不当的言语，竭力让规则在整个学校保持一致是明智的。如果教师对特定规则的关注不一致，那么这可能会削弱其他教师的努力。由各年级和/或学科领域的代表组成的校级委员会可以作为一种媒介，使学校和课堂里强调的关键规则保持高度一致。表5-1列出了一些不同环境和年级的学校规则示例。

表 5-1　不同环境和年级的学校规则示例

环境	小　学	初　中	高　中
课堂	"尊重他人。" "听讲。" "适当使用教材。" "不要乱动。" "放低音量。" "举手发言。" "待在你的座位上。" "尽你最大的努力。" "完成作业。"	"按时上课。" "上课前作好准备。" "举手发言或寻求帮助。"	"按时上课。" "上课前作好准备。" "参与课堂讨论。" "不允许使用手机或耳机。" "禁止吃东西。" "尊重成年人和同龄人。"
走廊	"放低音量或保持安静。" "不要奔跑。" "走一条单行线路。" "不要乱动。"	"只使用自己的储物柜。" "只去必要的地方。" "不要奔跑。" "不使用手机。" "不要乱动。"	"不要奔跑。" "使用适当的语言。" "使用适当的音量。" "行走时要靠右侧。"

续　表

环境	小　学	初　中	高　中
食堂	"使用适当的餐桌礼仪。" "待在指定的座位上。" "起立时先获得许可。" "放低音量。" "尊重他人。"	"使用适当的餐桌礼仪。" "尊重他人。" "听从大人的指示。"	"使用适当的餐桌礼仪。" "尊重他人。" "待在指定的区域。"
校车	"坐在你的座位上。" "使用适当的音量。" "尊敬他人。" "听司机的话。"	"坐在你的座位上。" "使用适当的音量。" "尊敬他人。" "听司机的话。"	"坐在你的座位上。" "使用适当的音量。" "尊敬他人。" "听司机的话。"
校园	"待在指定的区域。" "爱护和尊重公共财产。" "听从大人的指示。"	"学校时间禁止使用手机。" "不抽烟、不喝酒、不滥用药物。"	"不抽烟、不喝酒、不滥用药物。" "任何时候衣着得体。"

注: 表中的内容仅是有关上述环境和年级的学校规则示例。学校可能还有其他适合上述环境的规则,规则应尽可能正面表述(如告诉学生做什么),并在每项新活动开始前复述相关规则。

表扬和庆祝

　　第四章概述了表扬的一些基本原则。表扬应该灵活运用于(或融入)学校环境。第四章提到的表扬的原则之一是,当一个人在学习一项新技能或一种新行为时,应该对其更多地给予表扬。这是学校环境中的一项基本活动,在这样的环境氛围里学生将不断学习新技能! 表扬的目标对象有很多,包括学业技能、社会情绪技能、与成人和同伴互动技能、行为技能和社会技能。成年人可以表扬有利于目标能力培养和获得的行为。这种公开的表扬也有助于引导学生认识到哪些行为需要重点培养，它为课堂营造出积极的基调和氛围。

然而，尽管在学校活动中融入表扬不无道理，但有明确的证据表明，表扬在学校内的实际发生频率很低，而且随着学生的进步，表扬的频率急剧下降（Brophy & Good，1986）。具体而言，怀特（White，1975）指出幼儿园和一年级的教师比较多地使用表扬，但是他们使用表扬的次数随着年级的升高而减少。一般人可能会猜测，减少表扬有多种原因，而且很可能有多个因素起作用。第一，成年人可能认为表扬只适用于年幼儿童，年长儿童并不需要表扬。但这是不太可能的，即使是成年人也会感激别人对自己出色工作的表扬或肯定。如果成年人不在乎感激，那么不会有感谢信上的"谢谢"了。第二，也许儿童对表扬越来越没有感觉了。然而，这也是不太可能的，因为许多使用表扬的干预对幼儿园和一年级以上的儿童都起作用（如 Fabiano et al.，2007）。第三，也许随着儿童年龄的增长和学业的进步，教育体系变得更加注重结果（如在考试中表现出的熟练程度），而不那么注重过程。不管原因是什么，随着时间的推移，在学校环境中表扬的减少是最容易解决的、低成本的、有潜在效果的干预对象之一，可以有针对性地在学校环境中促进适当行为。

庆祝也被融入学校结构中。有关的庆祝包括在学生生日当天分发纸杯蛋糕，在早上宣布某个运动队员的名字以及获得的荣誉/

优异成绩。这些庆祝活动的问题在于,它们要么不依赖行为(如庆祝生日),要么次数太少,所以不能作为一个持续的激励因素(如季度评估报告)。我们期望教育工作者能更善于利用学校的庆祝活动,以更好地支持学生遵守学校规则。这可以通过使庆祝活动依赖行为结果来实现,庆祝活动甚至不必是精心设计的。这在一项针对学生的研究中得到证明(Fabiano et al.,2008)。在这项研究中,研究人员向学生提供了他们在食堂里的行为反馈,学生根据自己的行为获得一张兑换券,用以兑换班级奖品。这一初步的干预改善了学生的行为,但学校纪律委员会想要进一步改善学生的行为。于是,研究人员决定,无论每周表现最好的前三个班级能否通过兑换券获得奖励,这三个班级教室的门上都会贴一个横幅以宣布其表现优秀。学校的工作人员都会特意参观这些贴横幅的教室,并通过表扬学生来强化他们的良好行为。在实施这种干预之后,行为又有所改善。这是一个显著的结果,因为只调整了公开展示荣誉,以及学校工作人员额外的表扬和关注这方面的因素。

学校奖励

实物奖励(langible rewards)和特权(privileges)这类强化物也与表扬相关。学校里有各种各样的奖励和特权,但是就像在家里一样,正如第四章的讨论所指出的,这些潜在的强有力的强化物通常不是根据学生的行为给予或提供。教师可以仔细考虑学生谈论的、追求的或要求的活动、特权和实物,以及如何根据学生表现出的适当行为提供这些强化物。

小学教师可以在教室里走来走去，列一张潜在的奖励清单。它包括电脑时间、自由阅读、自由活动时间和游戏时间。除此之外，还包括实物，如食品、贴纸、奖章，以及铅笔或特别的橡皮擦等学习用品。一些奖励可能是负强化，让学生避开自己不喜欢的东西。比如，可以是不做家庭作业，或者提前结束一节课和家庭作业。奖励可以包括特权。比如，任何上过小学的人都知道，领队、教师助手或办公室通信员都是令人向往的职位，这些职位可以成为特权。额外的特权可能包括特殊的便利。比如，学生可能被允许在一张彩色纸上完成他们选择的作业，使用特殊的铅笔或钢笔来写作业，或者上课时坐在自己选择的任何角落听教师讲课。

回应机会

对取得好的学习成绩影响最大的因素之一是，教师为学生提供的学习回应（academic response）和行为回应（behavioral response）的频率。回应机会（response opportunities）代表某个学生或学生群体回答问题、应用概念或新信息，以及参与课堂内容小组讨论的机会。研究强调了这样一个事实：课堂上出现的回应机会的次数与学生的学习以及学校内的适当行为有关（如 Sutherland & Wehby，2001）。

传统课堂的特点是很少有机会作出回应。细想一下，教师要求学生把书翻到特定的一页，学生轮流阅读一段，从第一排的第一个学生开始，然后教室里所有的学生依次阅读。这是一种组织合

理的阅读材料的方式,遗憾的是,它缺乏回应机会,因为每次只有
一个学生大声朗读。有些学生可能要等到旁边的学生开始阅读时
才会注意阅读材料,然后找到自己的阅读位置并只参加课程的一
小部分内容。这种低效的方法可以与创新的方法进行对比,例如
同伴辅导干预,后者极大地增加了学习回应机会(Fuchs & Fuchs,
1997)。在班级范围内的同伴辅导干预中,两名同学配对,他们一
起完成阅读、数学或其他作业。在配对活动中,一人开展阅读或完
成一项学习任务,另一人则密切监督和支持任务的完成。从回应
机会的角度来看,与传统方法相比,同伴辅导干预中学生作出更多
的学习回应。用传统方法阅读的单词可能有 100 个,而用同伴辅
导干预方法阅读的单词可能有上千个。从多个班级和整个学年来
看,不难理解同伴辅导干预方法存在较多优势。研究数据也支持
了这一观点,有同伴辅导的青少年在课堂学习和社交方面都有所
进步(Fuchs & Fuchs,1997)。

在课堂上,学习回应机会的增加尤其改善了破坏性行为障碍
青少年的行为(Sutherland & Wehby,2001)。在研究中可观察
到,有破坏性行为的学生完成任务的速度更快,并且他们的学习成
绩也提高了。为了认识提供学习回应机会的积极影响,研究人员
建议,平均每分钟应该有三至四次回应的机会(Englert,1983;
Stichter et al.,2009)。除了提供回应机会,教师还必须为学生提
供时间来思考和处理学习材料,而不是一味向前推进(Stichter
et al.,2009)。不幸的是,有研究报告(Sutherland & Wehby,

2001)显示，在有破坏性行为的青少年的课堂中，学生通常鲜有机会作出学习回应。因此，给学生提供学习回应机会是教师立即融入课堂的一种方法，而且可以促进学生改善行为和提高学习效率。

有效且参与性强的活动计划

注意缺陷多动障碍儿童的父母经常说，他们的孩子在面对家庭作业、家务或其他无聊的任务时很难集中注意力，但可以坐着看一整部电影或玩几个小时的电子游戏。这并不是说明孩子缺乏注意力，而是强调环境或情境如何成为特定行为的前因。教育工作者可以证明，面对具有挑战性的课程或枯燥无味的材料时，相比于学生更感兴趣的其他课程或主题，让学生保持注意力和对任务的专注很困难。这就是为什么教育工作者经常努力在他们的课程计划中保持高度的创造性以确保学生的兴趣，即使这个主题可能不适合学生自己去做什么。

在课堂活动的建构中提前计划是教师可以选择的一种方式——通过使用前因控制策略来管理课堂行为。如果考虑课堂上的休息时间，这一点是显而易见的。过渡、等待时间、空闲时间、排队时间、安静地坐着直到最后一个学生完成任务或活动，这些都是课堂上的低刺激情境。它们都是破坏性行为的潜在前因，如果学生没有积极主动去参与某些活动，他/她就可能会表现出负面行为。

课堂计划从日常事务和时间表开始。按照固定时间表上课的教师利用前因控制来达到他们的目的。儿童对当前活动了解多少,将分配多少时间在活动上,以及接下来的活动是什么,这些都可以促进儿童对活动的参与。事实上,随着时间的推移,儿童可能会开始自己执行时间表,因为他们习惯了日常活动的可预测性。如果一个人认为时间表对儿童不重要,那么他必须在开学的第一天就去上幼儿园:教师一整天都在回答诸如"我什么时候可以回家?""午餐是什么时候?""我们能玩玩具吗?"之类的问题。一个可预测的时间表既可以消除这些问题的必要性,还可以促使儿童感到平静和安全,因为他们能够可靠地知道接下来会发生什么。

教师一旦制定了活动表,就必须执行它。这意味着,活动需要准时开始和结束。促进这一点的一种方法是为过渡到活动表所需的时间作预算。例如,早上的活动表可能包括响铃、英语/语言艺术、数学、体育和科学。教师可以通过提前计划,考虑每项活动需要多少时间,并计划在活动中转换和退出所需的时间,来改善这个活动表。此外,在活动中,可以对时间作出预算,以确保学生把大部分时间花在学习活动上,而不是花在从一个活动转移到另一个活动或接受指导上。表5-2展示了一个上午的总体活动表。注意,特定活动的时间是固定的,但是每个活动都被进一步分解,为过渡、善后、指导和学习活动分配适当的时间。一般来说,提前计划的教师不应该超过规定的时间。例如,一个遵守活动表的教师会知道,如果没有足够的时间让学生完成工作表,那么表明教师在教学上花了太多的时间。

表5-2 学校上午活动表示例

时　间	活　动	时　间　细　目
上午 8:00—8:20	响铃任务	8:00—8:15：响铃任务 8:15—8:20：提醒完成作业并上交作业
上午 8:20—8:25	告知学生响铃任务结束 点名 过渡到下一个活动	
上午 8:25—9:55	英语或语言艺术	8:25—8:45：第一轮小组讨论* 8:45—9:05：第二轮小组讨论* 9:05—9:25：第三轮小组讨论* 9:25—9:50：全班教学 9:50—9:55：整理材料并返回座位
上午 9:55—10:00	过渡到数学课 起身舒展身体	
上午 10:00—10:45	数学课	10:00—10:10：抽认卡"环球游戏" 10:10—10:15：复习上节课的内容 10:15—10:20：同伴检查练习题答案 10:20—10:30：全班教学 10:30—10:40：开始练习；完成家庭作业的剩余部分 10:40—10:45：收拾干净，排队购买特价商品
上午 10:45—11:30	体育课	10:45—10:50：换运动服 10:50—10:55：热身 10:55—11:15：羽毛球 11:15—11:20：自由活动 11:20—11:30：换衣服，排队
上午 11:30—12:00	吃午饭	

注：＊ 根据英语或语言艺术的技能水平，学生被分成不同小组。学生轮流完成三个方面的活动：(1) 教师带领小组；(2) 根据小组阅读水平校准独立工作表；(3) 同伴阅读训练。

有效指令和要求

教师每天在学校里都要发出大量指令。第四章提供了一个措辞和表达上好与坏的指令的特征概要,这里不再重复(更多信息见表 4-4)。与此同时,教师可以将重点放在促进有效指令和要求的使用上。

一项研究(Reddy, Fabiano, Dudek, & Hsu, 2013)提供了一些基本信息,以说明正常情况下一天中学校教师会发出多少指令。在这项研究中,观察人员观察了从幼儿园到五年级的 317 名教师,涉及两门不同的课程。在观察的过程中,半个小时里教师平均发出了大约 20 条指令。其中,85%的指令被评为结构良好,15%的指令被评为模糊。估计半个小时里发出 20 条指令,花费在教室里的时间大约为 6 个小时,因此每天大约发出 240 条指令。以此类推,教师每周发出 1 200 条指令,而在一学年的 40 周内,将近有 50 000 条指令!重要的是,这只是一个估计值,一些教师可能会根据他们的课堂需求、年级或个人教学风格发出更多的指令(指令范围的上限是每个观察期 51 条指令,如 Reddy et al., 2013)。这些指令代表了遵守规则并表现出有效行为的机会,但需要注意的是,近 50 000 条指令中的每一条都代表了违抗的机会,而违抗是教育环境中最重要的破坏性行为之一。

了解每学年大约有 50 000 条指令后,教师可以通过使总体的指令更有效来提高他们的工作效率。达到此目的的一种方法是,留心发出的指令并确定是否需要发出某些指令。如前所述,惯例、规则和时间表可以帮助促进学生的行为激活，如果学生自己遵守规则，并且不需要教师发出指令，这就消除了课堂上不遵守纪律的机会。在某种程度上，指令对儿童来说是苛刻的、令人不快的，但它消除了课堂上的负性刺激。此外，雷迪及其同事（Reddy et al.，2013）估计，有15％的指令措辞不当，以问句而不是陈述句的形式发出，或者包含一长串预期行为，这些指令的全部特征都使儿童更难理解教师的期望，因此难以遵守指令。这意味着，在一学年里大约有7 500条指令属于服从性较低的指令。如果教师可以减少服从性较低的指令，无论是发出更清晰的指令，还是完全舍弃某些指令，课堂中的不顺从现象可能会大量减少。

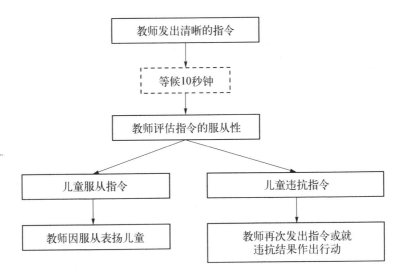

图5－2　教师发出指令和评估指令服从性的流程图

注：详细的讨论见佩勒姆等人的研究（Pelham et al.，1998；Walker & Eaton-Walker，1991）。

纠正式反馈

反馈(feedback)既是学习和教学的核心组成部分,也是行为管理(behavior management)的一个核心方面。反馈始于儿童早期阶段,那时他们刚学会"不"这个词,并在整个发展过程中不断得到反馈。纠正式反馈(corrective feedback)有助于引导儿童更一致地表现出适当行为,同时也为其他儿童间接观察和学习适当行为提供了一个模板。

良好纠正式反馈的指导原则类似于有效表扬的指导原则。纠正式反馈必须准确描述问题行为并命名标记。此外,它必须是真实的、支持性的。也就是说,以某种方式告诉儿童哪里出了问题,以及如何在未来表现出更合适的行为或作出更好的选择。纠正式反馈应避免依赖"禁止""停止"或"不"等陈述,而是要给行为贴标签或命名,并指出问题的原因,然后给出积极的行为建议。如果一个儿童在走廊里奔跑,我们不要大喊:"不要在走廊里奔跑!"有效的纠正式反馈可以是一个平静的提醒,比如:"走廊里不允许奔跑,任何时候都要步行。"当儿童努力掌握一项新技能或一种新行为时,必须经常给予反馈,并且反馈应该随着儿童变得更加熟练而逐渐消失。最后,纠正式反馈的频率必须与表扬的频率保持适当平衡,应遵循三个表扬语句对应一个否定语句的经验法则。这意味着,如果教育者在儿童学习一项新技能时给出更多纠正式反馈,那么也需要在这段时间内给出更多表扬,以保持表扬与否定陈述三比一的平衡。

基础策略讨论

在贯彻学校行为管理原则方面，有一些问题应该好好讨论。首先，在学校内部存在一个稳定的趋势，即表扬和奖励这类积极策略的使用从小学一年级开始急剧减少，到小学后期或进入初中和高中时使用次数就非常少了。教师、学生和其他观察者都注意到这一点（如 Lewis，2001；White，1975）。其次，在考虑行为管理的干预措施时，关注经常指向表现出负面行为的学生，而不是大多数表现良好的学生。最后，策略需要长期持续下去（即持续一个或数个学年），这很难在系统的课堂或学校框架之外实现。出于这个原因，包含这些普遍使用的基础策略的框架在教育环境中得到支持。

这些行为支持框架的例子包括积极行为干预和支持（Sugai et al.，1999）、使用行为管理策略的响应性干预方法（Vujnovic et al.，2014），以及其他系统的行为管理框架（Pelham et al.，2005）。第十章将讨论如何有效实施这些框架来帮助破坏性行为障碍儿童和青少年。

最后，必须强调的是，如果教育工作者或学校没有充分或有效地实施基础策略，那么在采取更密集的干预作为预防策略或目标策略之前应该纠正这一点。基础策略为制定进一步的策略奠定了基础。法比亚诺及其同事（Fabiano et al.，2007）说明了撤除表扬、有效指令、奖励和积极结果如何导致适当的课堂行为大量减少。在研究中，他们在实验情境下创建了一个没有典型基础策略支撑的课堂,课堂中是注意缺陷多动障碍儿童。在没有实施有效基础策略的情况下,30 分钟的时间内每名儿童每分钟平均有 1.5 次违反规则的行为。不难推断出整个学校一天、一周、一年的违规率,并考虑其对学生、教师和课堂功能的负面影响。不难想象,这种情况对教育工作者和学生来说会有多大的压力。因此,使用基础策略可以降低总体的破坏程度,使密集干预的效果更好。

预防策略

上述基础策略应该在整个学年广泛应用于所有学生。在接下来的预防策略和目标策略讨论中,我们都假定这些基础策略正在实施,而且实施符合完整性和保真度要求。如果情况并非如此,则建议在实施更密集的干预前,努力改进基础策略。

每日报告卡片

每日报告卡片(Daily Report Cards)在学校环境中长期用于管理和减少破坏性行为(Kelley, 1990; Volpe & Fabiano, 2012)。每日报告卡片是儿童目标行为(如打断、不服从、学习能力低下)的操作化列表,包括达到行为干预目标的具体标准(如数学学习期间打断的次数不超过三次)。教师在每日报告卡片上针对目标行为向儿童提供即时反馈。儿童每天把每日报告卡片带回家,家长根据每日报告卡片的目标赋予儿童在家里的特权(如使用自行车和电脑的时间)。因此,家庭和学校每天都有联系,这是跨环境协调的一个关键方面。

长期以来，每日报告卡片一直有效地用于治疗破坏性行为、监测治疗结果，以及打开教师与儿童父母之间的日常沟通渠道（DuPaul & Eckert，1997；DuPaul & Stoner，2004；Kelley，1990；O'Leary & Pelham，1978；O'Leary et al.，1976；Pelham et al.，1998，2005；Pfiffner et al.，2007，2013；Sheridan & Kratochwill，2008；Vannest，Davis，Davis，Mason，& Burke，2010；Volpe & Fabiano，2012），它是一个与在一般教育环境（Hops & Walker，1988）和特殊教育环境（Reid，Maag，Vasa，& Wright，1994；Schnoes et al.，2006；Vannest et al.，2010）中对破坏性行为儿童使用依随性管理（contingency management）这一悠久传统相一致的程序。

在实施基础策略的情况下，使用每日报告卡片为学校教育工作者提供了诸多优势。它对环境变化很敏感，是学校与家长交流儿童在校行为的一个实用工具。教师对儿童目标行为进展的相关反馈和目标达成的明确反馈也可以作为往后适当行为的前提（Sugai & Colvin，1997），并有助于改善家长与教师之间的关系。因此，除了直接的行为影响，每日报告卡片还可用作数据驱动监测手段，供学校每天使用，以评估儿童在特殊教育项目中的进展情况。

每日报告卡片最简单的形式是一个被明确界定和陈述的行为目标列表，以便教师能够快速、轻松地评估目标是否达成。然后，在每个评估事项之后与儿童共享此评估。每日报告卡片由儿童带回家中并与家长共享,家长每晚在家为达成目标提供预先安排好的奖励/特权。这些部分共同构成了每日报告卡片的干预。重要的是,任何一个部分都可以单独使用,但只有当它们一起使用时才能完成每日报告卡片的干预。

有许多资源可用于开发每日报告卡片。相关网站包括一些指南(见 http://ccf.buffalo.edu/pdf/school_daily_report_card.pdf)和每日报告卡片生成器(见 http://interventioncentral.org/teacher-resources/behavior-rating-scales-report-card-maker)。对如何建构和实施每日报告卡片的深层描述感兴趣的个人可以参考有用的出版物(如 Kelley,1990;Volpe & Fabiano,2013)。

要创建每日报告卡片,教育工作者必须首先定义并操作化目标行为,包括学业行为(例如,"在规定的时间内完成作业""以 80% 的正确率上交已完成的作业""准备好所需的材料")、成人指向行为(例如,"没有任何不尊重成人的语言""第一时间遵从成人的要求""无条件接受成人的反馈")、同伴指向行为(例如,"取笑不超过三次""没有欺负事件的报告")或其他行为(例如,"课堂讨论期间打断不超过两次""按时上课")。通常,每日报告卡片上列出的目标最多为 3 至 5 个。接下来,教师决定何时评估目标:上午/下午、每天一次、每门课结束之后。建构每日报告卡片的一个重要步骤是,规范目标达成的标准。这包括"对打断的提醒不超过两次",而不是"安静地完成任务"的总体目标。每个目标的衡量标准很重要,因为这有助于儿童回溯自己的行为,并鼓励教师确保提供准确的反馈。

本章末尾的附表5-1提供了每日报告卡片示例，该示例适用于小学生。附表5-2介绍了一个适用于初中生或高中生的每日报告卡片。在这两种情况下，每日报告卡片背后的原理是相同的：儿童/青少年有明确界定的目标行为，每种目标行为都有一个标准（如"不超过三次机会""没有机会"），以明确指出在达到目标之前能够有多少次机会，并根据全天达到目标的情况给儿童/青少年提供家庭奖励。

表5-3展示了可以使用的潜在的家庭奖励。家庭奖励（home reward）在很大程度上应该是自然发生的。对每日报告卡片来说，考虑家庭奖励的一个好方法是遵循这样一个原则：通常将儿童视为权利的东西剥夺，然后将其作为一种特权根据达到适当行为期望的情况提供给儿童。奖励具体是什么只受父母创造力和想象力的限制。在过去的临床工作中，奖励包括放学后走在路上看施工车辆，使用特殊的机械铅笔做家庭作业，睡在帐篷里而不是床上，和父母一起完成一个科学项目。奖励/特权也常常包含一些受到质疑的内容，例如屏幕时间（使用电脑、看电视、玩电子游戏机）、使用手机、熬夜、请朋友来家里/在外面玩，以及零食/甜点。

对许多破坏性行为障碍儿童来说，每日报告卡片也可能需要学校奖励（school reward），因为行为反馈与家庭奖励间隔的时间对一些儿童来说可能太长了，特别是对那些问题行为更频繁或更冲动的儿童。在这些情况下，学校奖励在产生方式上与家庭奖励相同，教育工作者可以考虑儿童在学校会选择做什么（上网、和朋友玩、

表 5-3　每日报告卡片的家庭奖励计划示例

达到目标的百分比	家　庭　奖　励
10%～50%	睡前三十分钟看电视 或甜点 或给奶奶打电话
51%～75%	六选二： 睡前三十分钟看电视 用电脑看动画片 甜点 一张棒球卡 额外的故事 推迟十五分钟上床睡觉
76%～99%	六选三： 睡前三十分钟看电视 用电脑看动画片 甜点 一张棒球卡 额外的故事 推迟十五分钟上床睡觉
100%	夜晚用手电筒在街区周围散步 或从手提袋中为明天的午餐选择零食

和班级宠物玩、听耳机、免家庭作业），这些奖励的获取也可以视每日报告卡片的目标达成情况而定。另外一项校内改进措施是增加了签到和签退程序。这是一种正式的程序，教师、学校辅导员或其他专业人员每天早上都会与儿童见面。经过温暖、真诚的问候，儿童开始上交前一天签过名的每日报告卡片，教师、学校辅导员或其

他专业人员审查行为目标和奖励，并在儿童达成目标后给予积极鼓励。一天结束时，儿童回到教师、学校辅导员或其他专业人员身边，查看每日报告卡片上记录的结果，并接受适当的表扬或鼓励。这种方法已经被证明可以促进小学环境中的行为改善（Todd，Campbell，Meyer，& Horner，2008）。

对日常的家庭奖励和潜在的学校奖励的一种补充是每周奖励（weekly reward）。它们通常是有更高价值的长期奖励。例如，一些儿童可能希望与同伴或亲人一起玩，看电影或玩电子游戏，或者逛公园。每日提供这些奖励是不切实际的，但在周末提供或许是可行的。父母可以建立期望，以促进持续的适当行为（例如，在一周内至少有五分之四的每日报告卡片能够达到 80% 的目标），并根据长期目标的达到程度提供更大的每周奖励。值得注意的是，无论每周目标的进展如何，每天的奖励都是持续的，以确保儿童每天有足够的动机努力表现出适当行为。

行为契约

行为契约（behavioral contracts）是处理教育环境中破坏性行为的一种有效方法。上述每日报告卡片的许多原则都可应用于行为契约方法之中。但是，两者的不同之处在于，每日报告卡片可能针对打断谈话、顶嘴或不完成课堂作业这类目标行为，行为契约则可能侧重于旷课、打架、偷窃或不顺从等发生频率较低的行为（如果这类行为经常发生，那么每日报告卡片可能是更合适的策略）。

行为契约很简单，它在操作上定义了目标行为，并概述了达到或没有达到行为目标的结果。行为契约还可以描述它的每个部分的负责人如何评估和监测进度,通常包括重新评估行为契约的日期。本章末尾的附表5-3提供了一个行为契约模板示例。这种预防性干预方法可能最适用于初中和高中,通过这种方法,学生或许能够更加注意自身的行为和长期目标。

行为契约的一个重要组成部分是,它明确地将儿童/青少年纳入目标行为、目标行为的操作化,以及目标达到与否的结果的讨论中。随着儿童成长为青少年,这种干预形式可能更为重要,并有望在自我管理中发挥更大的作用。此外,为建立行为契约而召开会议和开展讨论,也有助于在下次问题行为发生之前让儿童/青少年积极主动地参与进来。建立明确的行为期望和预先确定结果可以作为儿童/青少年今后表现出适当行为的前提。签署书面协议也使期望和依随性强化"正式化",这样儿童/青少年就确切知道了期望的内容。此外,这种书面协议也可能促进成年人较为一致地执行行为结果(包括积极结果和消极结果),因为行为契约是一种多方同意的具有约束力的方式。

功能性干预方法

破坏性行为障碍儿童会在课堂中表现出破坏性行为,这可能是因为教师、家长或同伴眼中的这些消极行为会给儿童自身带来一些功能上的好处。这些功能上的好处可能并不总是显而易见的,或与班里其他儿童的教育者的观点一致。例如,儿童可能会在课间发脾气,导致被送到纪律办公室,因此错过了课间休息时间。

因为课间大多数儿童都热衷于去操场上休息，所以这种行为从表面上看似乎令人费解。然而，如果教师发现儿童在课间休息时会被欺负或戏弄，错过课间休息时间可以让儿童避免不愉快的结果，那么这种行为从儿童的角度来看就会变得更容易理解。从儿童的角度来看，避免课间的不愉快互动比课间的有趣活动更有价值，这使得发脾气具有一定的功能，因为它可以使儿童避免不喜欢的场景。

在学校的学习任务中经常出现类似的情况。很少有儿童对完成作业、听课或其他与学习有关的任务充满热情，这是因为上述学习环境要求儿童必须集中并保持注意力，单独或协调使用多种认知策略，并经常从事书写、同伴互动、将信息保存在工作记忆中，以及在时间压力下学习等高难度任务。在这种情况下，发脾气也具有一定的功能，因为它可以让儿童避免不愉快的任务。

逃脱/回避。对于通过破坏性行为来逃脱（escape）/回避（avoid）厌恶情境的儿童，多种功能性干预方法可以采用。第一种是运用普雷马克原理，也就是将不那么喜欢的事情排列在喜欢的事情之前。比如，可以告诉儿童："如果你完成数学作业，你就可以读自己从图书馆里借来的书。"或者教师可以这样说："如果你完成思考—同伴—分享任务，你就可以有自由时间。"这种"如果……就……"的陈述有助于降低回避的价值，因为它通过强调更喜欢的任务来提高完成不喜欢的任务的价值。

第二种处理逃脱/回避行为的方法是，提供适当机制让儿童逃脱/回避不喜欢的活动。例如,儿童可以在开学或上课时领到三张红色卡片。不管当前的情况如何,每一张红色卡片都可以让儿童缺席活动 2 分钟。儿童会同意使用红色卡片,而不是装模作样。知晓逃脱/回避某种行为的方法可以作为适当行为的前提,因为儿童不再需要通过表现出消极行为来逃脱/回避。

最后一种处理逃脱/回避行为的方法是使用延迟的暂停干预(postponed time-out intervention)。在这种方法中,教育工作者确定儿童喜欢哪些活动并给予哪种奖励(如空闲时间、休息时间、特殊活动)。然后儿童会被告知,因消极行为(如脾气暴躁)而缺席不喜欢的活动的时间将在下次从喜欢的活动中扣除。这样,儿童就会因为逃脱/回避不喜欢的活动而失去喜欢的活动。这种方法可以通过当儿童没有参与有益的活动时完成不喜欢的活动(例如,在上课期间儿童没有完成的课堂任务可以在课间休息时间交给儿童完成)来进一步加强,使他们以后没法逃脱/回避那些不喜欢的活动。

增强自我——获得实物奖励。 有时,儿童可能会表现出破坏性行为以获得一个实物。这种功能性行为可能发生在同伴交往中。例如,一个儿童可能会走到同伴面前抢走同伴正在使用的记号笔,因为她可能自己想要。这种功能性行为也可能发生在操场上,一个儿童从一群玩游戏的儿童那里拿走了一个球,因为他自己想踢球。有时,儿童可能会为了获得金钱、物品或其他东西而偷窃。

如果行为的功能是使儿童自己获得一个实物,那么教育工作者可以使用将这种功能整合到计划中的干预方法。每日报告卡片是为适当行为提供实物奖励的正式手段,教师可以使用类似的原则在不太正式的基础上制定一个干预计划。例如,儿童可能会因为在规定的时间内完成一项任务而获得贴纸。在教室或操场上表现出适当的社会互动行为后,儿童也可以获得学习用品或课间玩具。如果儿童表现出偷窃行为,那么教育工作者可以用适当的方式来帮助儿童获得实物。例如,如果一个儿童从其他儿童那里偷钱去买零食,那么教育工作者可以制定一个行为程序,在这个行为程序中儿童可以根据适当的行为(归还偷来的钱)来获得免费零食券的积分。

关注。在学校里,教师的关注(attention)是最受欢迎的奖励之一。我们只需要观察当教师对学生甚至是到教室来的访客给予关注时会发生什么就能明白这一点。很多时候,儿童会想出各种方法来吸引教师的注意或关注(有时是扰乱课堂纪律,这通常是一种非常有效的方式,可以让教师注意到违反纪律的人)。因此,与第四章中关于家长的讨论类似,教师可以系统地利用关注来塑造和鼓励适当行为,阻止问题行为。

许多教师会很自然地用他们的关注来影响学生的行为。例如,在小组课上教师可能会问一个问题,然后只点举手的学生发言。教师甚至可能会强调:"我希望同学们安静地举手发言。"通过只点安静举手的同学发言,教师鼓励了举手这一行为。通过忽略大喊大叫的学生或者斜靠在课桌上举手大喊"哦,哦,哦!"的学生,教师确保自己的关注只集中在积极行为上,随着时间的推移,这样会鼓励儿童在课堂上安静举手发言。

如果儿童的问题行为在功能上是获得关注,那么关注对教育者来说就是减少破坏性行为的一个非常强有力的工具。以平克斯顿等人(Pinkston,Reese,LeBlanc,& Baer,1973)的研究结果为例,根据观察,一名活跃的学龄前儿童会无缘无故地攻击其他儿童,对工作人员表现出攻击行为(咬、抓),并对他人发表辱骂性言论。在基线测试阶段,教师被要求像往常一样对消极行为作出反应。他们的反应包括口头纠正、解释行为为什么不适当,以及儿童表现出攻击行为或其他消极行为之后给予言语和非言语关注。在研究的干预阶段,教师被要求在儿童出现消极行为时改变他们的关注方式。他们不再关注儿童,而是立即将关注转移到消极行为的受害者身上。例如,如果一个儿童对同学有攻击行为,教师不是责备该儿童,而是立即同情地关注受到攻击的儿童,并试图安慰他(例如,"我为你忽略攻击行为而感到骄傲;来,我们一起去玩这个玩具车吧")。当儿童表现出积极的合作行为并遵守课堂纪律时,教师也会给予他积极的关注。这种系统地重新引导教师关注的干预方法,可以让问题儿童的适当行为得到持续提升。在基线条件下,大约平均有25%的儿童参与了攻击行为,而在干预条件下,这一比例显著下降。改善的结果也得到了维持,在一个月后的随访观察中只有3%的儿童在同伴互动中表现出攻击行为。

这项研究可以很好地说明,教师如何利用他们的关注来改变和维持课堂上适当行为的发生率。很明显，儿童的攻击行为和言语辱骂行为的一个功能是获得关注，当他们不再获得成年人或同伴的关注时这种行为就会减少。反过来，它也说明了教师的关注在某些情况下可能会间接地或直接地在教育环境中维持破坏性行为和攻击行为。要想促进适当行为，教师可以利用他们的关注来鼓励学生遵守规则，并在群体环境中有效地发挥作用。

技能缺乏。虽然严格意义上这不算一种功能问题，但有时儿童可能会因为技能缺乏（skill deficit）而表现出不适当行为。技能缺乏包含学习障碍、组织能力缺乏或社会技能缺乏。这些技能缺乏可能是消极行为的前因，以使儿童获得关注（例如，通过戳或戏弄）或逃避任务（例如，通过表现出不服从的行为）。因此，通过提高技能，我们可以潜在地纠正问题行为与前因之间的功能关系。例如，如果一个儿童经常取笑另一个儿童以获得关注，那么可以教这个取笑他人的儿童如何更熟练地开展体育活动，以便以合适的方式融入同伴群体。同伴的关注也可以通过亲社会行为而不是取笑等消极行为获得。关于技能培养干预，第六章将更详细讨论。

团体奖励

预防策略也包括全班干预（whole-classroom interventions）。很多全班干预措施既可以用于整体水平的课堂破坏性行为，也可以用于单个学生或一小部分学生的课堂破坏性行为。这些全班干预措施通常是团体奖励项目（group contingency program）的一部分，其结果适用于整个团体。团体奖励（group contingency）*主要有三种类型：（1）相互依赖型团体奖励；（2）依赖型团体奖励；（3）独立型团体奖励（Maggin，Johnson，Chafouleas，Ruberto，& Berggren，2012）。相互依赖型团体奖励基于整个团体功能为整个班级提供强化物。例如，如果在一个月内校车上的行为转介少于 10 次，那么这个班级会赢得一个比萨派对的机会。如果一个学生或一小部分学生达到某个目标，那么可以提供依赖型团体奖励。例如，如果某天没有报告史蒂芬欺负其他学生的事件，那么整个班级可以获得额外的空闲时间。独立型团体奖励为班级设定了一个行为目标，每个达到目标的学生都可以获得奖励，而不管其他学生或整个团体的功能如何。在这种情况下，学生如果周一至周四在食堂没有因行为不当而被记录下来，就可以周五与教师一起在教室里吃一顿特别的午餐。马金及其同事（Maggin et al.，2012）报告，行为治疗文献中最常见的团体奖励是基于全班行为向整个班级提供奖励。

如果教育者认为问题是全班的，而不是某个学生或一小部分学生的，那么团体奖励是促进适当行为的有效干预措施。如果问

---

* 亦译"集体依随""团体依随"。通过团体成员间的依随强化而让团体成员实现行为改变的行为治疗技术。一般有两种形式：（1）将一位成员或选定的几位成员的行为表现或成绩作为整个团体的行为目标；（2）将团体成员行为表现的平均成绩作为团体的行为目标。该技术的优点是能使需要治疗和不需要治疗的参与者都得到满意的结果。——译者注

题是某个学生或一小部分学生的，建议使用之前描述的各种方法。如果同伴关注是当前不适当行为的维持因素，那么团体奖励也是有效的。例如，同学胡闹可能会引起其他同学的咯咯笑、微笑和对不良行为的鼓励，而这些同学并没有什么损失。然而，如果学生为了得到奖励而表现出适当行为，这些胡闹行为就不再有趣了——它们会成为麻烦，因为可能会阻碍奖励的获取。因此，团体奖励是快速改变课堂同伴生态的一种潜在方式，可以使消极行为不再引起同伴的关注。当同伴关注可以维持不适当行为和/或成年人的监督不足时，团体奖励通常是有用的。任何曾经坐过校车的人都知道，前面这句话准确地描述了同伴环境。研究者（Greene，Bailey，& Barber，1981）阐述了团体奖励如何减少校车上的破坏性行为。在这个例子中，一个自动声音设备记录了噪声水平是否超过预先设定的阈值，以及噪声的持续时间。对校车上的中学生来说，当音量超过一定水平时，校车前部的一个灯板就会亮起来。校车上中学生的音量只要不超过预先设定的噪声阈值，他们就可以听音乐。这个简单的干预策略不需要额外的工作人员，利用团体奖励显著改善了学生的行为。教师还可以通过与学生讨论找出团体的问题（如闲聊、作弊），制定达到团体目标的标准（例如，"每天闲聊不超过五次""一天中没有人作弊"），然后列出达到团体目标的积极结果（下午 2 点 25 分开始的整节课有 5 分钟的空闲时间）和没有达到团体目标的消极结果（全班都没有空闲时间）。本章末尾的附表 5-4 可以用来创建一个班级团体奖励程序。

旨在减少破坏性行为的团体奖励的一个成功例子是良好行为游戏（good behavior game，GBG）（Barrish，Saunders，& Wolf，1969；Embry，2002）。良好行为游戏是为了控制整个班级的破坏性行为而开发的。良好行为游戏不需要额外的工具或材料，可以在对教师和学生进行简单培训后实施，并利用课堂上现有的资源有效地减少破坏性行为。

教育工作者可以通过将学生分组在课堂上创设良好行为游戏。这可以通过将学生分组到桌子的"岛屿"中，指定每一排为一个团队，或者通过其他一些方式将学生联系在一起来实现。然后，教师确定一个或一组目标行为（例如，课堂上的打断、取笑同伴、未经允许擅自离开座位）。接下来，学生被告知，每次目标行为发生时，团队将在白板上指定的小方块中获得一个标记。标记数量少于预定数量（例如 5 个）的团队，或者标记数量最少的团队将获得奖励。在巴里什及其同事（Barrish et al.，1969）的论文中，奖励包括以下特权：获胜者脖子上戴着胜利标记，以便在课堂上被轻松识别，在获胜者名单上的学生名字后贴一颗星，获胜团队的学生排成一排优先吃午饭，获胜团队可以在一天即将结束时有 30 分钟的自由活动时间。如果学生所在团队的标记数量超过 5 个，并且/或者没有赢得比赛，那么他们就失去 30 分钟的自由活动时间而必须继续学习。当前新版良好行为游戏在每次活动后都会进行奖励，以减少团队等待奖励的时间。此外，当前新版良好行为游戏强调，如果团队达到良好行为的某一具体阈值（例如，"在英语/语言艺术课程教学中，目标行为的实例不超过 10 个"），则会获得奖励。这会减少团队之间的竞争并促进团队内部的合作。如果所有学生都获得奖励，那么很少有教师会抱怨，因为这意味着整个课堂上的行为都很好！

良好行为游戏简单、有效。通过将学生组成团队并根据团队成功情况给予奖励，同伴生态环境立即发生变化，因为它现在鼓励学生自己在团队中促进适当行为。在良好行为游戏之前被其他学生模仿或嘲笑的扰乱行为，在团体奖励的背景下会被冷眼相看或警告。此外，奖励是自然发生的或被社会强化的，成本低，因此在整个学年都可以保持。尽管这是一种直接而简单的全班干预，但良好行为游戏的结果十分惊人。在一项纵向研究中，巴尔的摩公立学校的一些班级被随机分配接受良好行为游戏和正常的行为管理。正如预期的那样，接受良好行为游戏的班级破坏性行为的发生率较低。出乎意料的是，小学一年级接受良好行为游戏的男孩在中学时期的攻击率明显较低，吸烟的可能性也较小（Kellam & Anthony，1998；Kellam，Ling，Merisca，Brown，& Ialongo，1998）。研究人员知道，干预策略通常很难获得干预效果。在上述研究中，即使超过 5 年良好行为游戏在完全不同的班级中依然显示出显著的效应，这是多么不同寻常！良好行为游戏有可能促进适当的同伴互动，并显著减少儿童早期学校生涯中不适当行为的同伴强化。结构化的同伴互动和适当的行为管理降低了不适当行为同伴强化的可能性（Helseth et al.，2015）。通过良好行为游戏来调节同伴生态环境,小学教师或许有机会改变青少年破坏性行为的发展轨迹。

同伴调解(peer mediation)。学校操场或课间休息区是经常发生破坏性行为的地方。儿童在课堂之外可能有更频繁、更多样、更复杂的互动。此外,这些环境的特点是缺乏警惕性和有效的成年人监督(例如,家长志愿者或少数成年人监督多个班级),有证据表明,成年人往往不知道破坏性行为和攻击行为发生的程度、严重性和频率(Craig & Pepler,1998)。为了解决这些问题,坎宁安及其同事(Cunningham,Cunningham et al.,1998)设计了一种干预方法,把操场上的同伴作为一种资源,在不那么结构化和复杂的环境中,加强监控、问题解决和有效决断。

坎宁安及其同事(Cunningham,Cunningham et al.,1998)建立了一个由全校学生组成的同伴调解小组。重要的是,有破坏性行为史的学生也可以加入调解小组,这确保了背景的多样性。调解员接受了大约15个小时的培训,在培训中他们学会了如何接近处于冲突中的学生,识别和应对问题并解决冲突。在全校大会之后,校长介绍调解员并给他们授权,调解员在学校操场上巡逻,并在发生冲突时接近学生。研究人员使用了跨情境的多基线设计,结果证明,在操场上身体攻击减少了51%～65%。因此,通过学生调解员来加强对行为的监控为冲突发生时处理问题提供了一个程序,将同伴调解程序作为学校批准和支持的项目,可以大大减少学校操场上一些严重的破坏性行为。

预防策略讨论

本节特意使用"预防策略"这一称谓。尽管这些干预措施可能比普通教育环境中的典型做法更为密集，但也不是密集到让承担主要教学任务的教育工作者感到不切实际（当然它们也可以在目标干预的背景下使用，而且确实如此，但在这里它们被视为合理的干预方法的第一步）。要想预防课堂上的破坏性行为，教育工作者可以从良好行为游戏或相似结构的小组/全班团体奖励这类全班干预方法开始，它们应该可以降低课堂上破坏性行为的总体水平。然后，更多关注需要使用功能干预、每日报告卡片、签到和签退这类密集干预方法的儿童。

预防策略需要持续实施。事实上，这些方法应该融入课堂，以便不断地提醒学生学校环境中的规则和期望，他们也会作出适当行为来获得奖励和积极的结果。这些程序还可以作为下一节描述的目标策略的基础方法。建议对有破坏性行为或破坏性行为风险的儿童首先实施预防策略，因为与目标策略相比，预防策略的成本和强度较低。对于那些对预防策略反应良好的儿童，更昂贵的资源可以节省下来。

目标策略

一些破坏性行为障碍儿童将需要比前一节描述的预防策略更密集的目标策略（targeted strategy）。目标策略更密集，它们需要额外的时间、人员配置、资源或努力。因此，目标策略是由多个部分组成的干预措施,通常包括标准课程指导。目标策略既可以在很长一段时间内持续实施,也可以在特定的时间内实施,直到行为达到可以考虑采用预防策略的水平。目标策略可以在普通教育和特殊教育环境中使用,但考虑到有效使用这些策略所需的时间和精力,很可能需要额外的人员配置才能在普通教育环境中有效使用这些策略。以下内容概述了目标策略的一个样例。由于只是一个样例,因此必须注意可能也会用其他潜在的目标策略,本节无意详尽阐述目标干预。

课堂项目和成功第一步项目

课堂项目(CLASS Program)为期 30 天,旨在减少学生在课堂环境中表现出的破坏性行为和不适当行为(Hops & Walker,1988)。它鼓励目标儿童通过顾问—教师联合项目表现出良好行为。顾问是前 5 个项目目的主要实施者,一旦儿童的行为有所改善,项目将被逐步移交给教师实施。该项目首先是顾问和家长、教师以及儿童会面,解释该项目并确保每个人都有动力去尝试。然后为儿童建立目标行为并明确界定目标行为,在学校和家庭中为达到目标设立奖励。顾问带着一面为绿色另一面为红色的卡片进入教室,当儿童表现出适当的、合规的行为时,卡片将保持在绿色的一面。如果儿童表现出违反规则的行为,则该卡片将翻转到红色的一面。在儿童再次表现出适当行为之前,卡片一直保持在红色的一面。上课时顾问用秒表计时,在每一个预定的时间间隔内,如果儿童表现出适当行为,则在卡片的绿色面作一标记,如果儿童表现出不适当行为，则在红色面作一标记。结束时，将绿色面标记的数量相加再除以总标记数，若儿童达到绿色面的标记目标，则获得奖励。

课堂项目包括反应成本、代币经济、控制成人对适当和不适当行为的关注，以及团体和个体奖励等干预措施。此外，尽管项目为期 30 天，但包含再循环程序，即儿童回到前一天的行为期望，而且必须再次达到这一期望，然后才能转向更保守的行为目标。这样，在期望和反馈频率降低之前，儿童可以表现出明显的行为改善。此外，直到儿童在顾问的指导下连续 5 天表现出适当行为，项目实施的责任才会移交给教师。移交时，教师会接管一个表现出较好行为的儿童，以及一个需要较少密集监控的程序。在教师完全接管项目之前有一个交接期，顾问和教师合作以确保教师熟悉操作流程并正确执行。

成功第一步项目（First Step to Success Program）是课堂项目的一个现代的、扩展的版本，包括小学和学前版本。成功第一步项目首先进行系统筛查，以确定哪些儿童可能从成功第一步项目中受益（见第二章）。它包括课堂项目的组成部分，以及一个名为"以家庭为基础"的教养项目。在成功第一步项目中，家长通过与顾问或教练会面，学习如何在家里支持技能发展。成功第一步项目已得到评估，并在学前教育和小学早期教育中都展现出良好的前景（Walker et al.，2014）。

应对能力项目

应对能力项目（Coping Power Program）是一种认知行为干

预,包括以儿童为中心的团体辅导课程和家长行为训练。该项目在治疗后(Lochman & Wells,2002)会产生显著且有意义的积极结果,随访时(Lochman & Wells,2003)该结果依然存在。应对能力项目为期 2 个学年,历时 16 个月,总共有 22 次团体辅导课程,这些团体辅导课程包括对有攻击性和/或破坏性行为的青少年的认知行为治疗,例如教授儿童结构化的问题解决策略,识别和调节情绪(如愤怒等),有效解决社交问题,有效处理同伴压力,改进同伴互动以及学习和组织技能。与此同时,家长也要参加 16 次家长训练课程(类似于第四章所述的方法)。家长也要学习问题解决模式,该模式与儿童在以儿童为中心的课程中学习的模式相同。

应对能力项目是一个密集的项目:它历时 2 个完整的学年,包括相当多的家长和儿童课程。它干预的目标或对象包括攻击行为、物质滥用和对立违抗障碍/品行障碍等严重问题。由于这些问题非常严重,干预密集也就不足为奇。

惊奇岁月项目

惊奇岁月教师培训项目是韦伯斯特-斯特拉顿(Carolyn Webster-Stratton)开发的系列干预的一部分。该教师培训项目在学前阶段和小学早期接受评估,包括改善课堂管理策略,改善接受干预的班级内学生的社会情绪行为,以及增进家长对儿童的了解以促使儿童学业进步和成功。该教师培训项目既可以单独使用,也可以与儿童培训和家长培训项目结合使用。

多项临床试验证实了惊奇岁月教师培训项目的效果(如

Hutchings，Martin-Forbes，Daley，& Williams，2013；Webster-Stratton，Reid，& Stoolmiller，2008）。例如，韦伯斯特-斯特拉顿及其同事（Webster-Stratton et al.，2008）随机分配学校，使其接受教师和儿童培训项目或一切照常（不受干扰）。相比于对照组学校，基于不知道学校分配情况的观察测量，接受惊奇岁月项目的学校的儿童表现出更强的社交能力和更少的品行问题。此外，与其他教师相比，参与惊奇岁月项目的教师使用了更积极的课堂行为管理策略，他们还报告，家长对儿童学校教育的参与度更高。当与家长和/或儿童培训相结合时，增加教师培训似乎也能增强和改善结果（Webster-Stratton et al.，2004）。这些结果支持了惊奇岁月项目是治疗破坏性或攻击性行为的一种有效措施。

目标策略讨论

如前所述，还有许多其他的目标策略可用于儿童所需的密集干预。上述每个项目都有培训、指导手册和实施支持，感兴趣的从业者可以直接在各个项目中获取更多信息。许多从业者也可能会致力于为破坏性行为障碍儿童开发系列干预或干预包，这是在解决严重破坏性行为障碍的大型临床试验的背景下要作的努力（Conduct Problems Prevention Research Group，1998；MTA Cooperative Group，1999）。在这些研究中，密集家长管理训练（见第四章）、与教师合作促进有效课堂管理的学校干预（见本章）和青少年技能训练（见第六章）被结合起来同时实施，以期产生积极的结果。

应当指出,上述所有的目标干预要求在基础策略和预防策略的背景下实施。不仅如此,目标干预要求以连贯的方式持续一段时间。此外,几乎所有目标干预都将包括专业辅助人员、相关服务人员或其他专家,以协助训练、干预实施和结果评估。因此,采用团队方法来实现目标策略这一水平的干预非常必要。

本章小结

在实践层面上,教育工作者可以在课堂内实施多模式干预方法(multimodal intervention approach)。本章末尾的附表 5-5 是一个自学清单,可用于确定目前正在实施哪些策略,哪些策略正在实施但可能需要解决一些难题,哪些策略可能值得尝试因为它们目前尚未实施。完成自学后,接着教育工作者可以开始改善自己的专业方法来帮助儿童,特别是那些有破坏性行为障碍或面临破坏性行为障碍风险的儿童。

附表 5-1　小学版每日报告卡片

目　　　标	社会学习	英语/ 语言艺术	数　学	科　学
1. 以 80％以上的准确率 完成任务。	☺　☹	☺　☹	☺　☹	☺　☹
2. 上课打断的次数不超 过三次。	☺　☹	☺　☹	☺　☹	☺　☹
3. 没有来自同伴欺负或 取笑的报告。	有　无			
4. 作业本由家长签名并 上交给教师。	有　无			

家长签名：＿＿＿＿＿＿＿＿＿＿＿＿＿＿＿＿＿＿＿＿

附表5–2　初高中版每日报告卡片

1. 没有办公室转介记录。		有	无
2. 上交完整的家庭作业。	语言艺术 地理 西班牙语 化学 数学	有 有 有 有 有	无 无 无 无 无
3. 没有言语辱骂行为的实例。	语言艺术 地理 西班牙语 化学 数学	有 有 有 有 有	无 无 无 无 无

家长签名：_____

来源：格雷戈里·A. 法比亚诺(Gregory A. Fabiano)的《破坏性行为的干预：减少问题行为与塑造适应技能》(*Interventions for Disruptive Behaviors: Reducing Problems and Building Skills*)。Copyright © 2016 The Guilford Press。购买本书者，可复印本表供个人使用或与个别学生一起使用。

附表5-3 行为契约模板

日期：＿＿＿＿＿＿＿＿＿＿＿＿

在场的人：＿＿＿＿＿＿＿＿＿＿＿＿＿＿＿＿＿＿＿＿＿＿＿＿＿＿＿
＿＿＿＿＿＿＿＿＿＿＿＿＿＿＿＿＿＿＿＿＿＿＿＿＿＿＿＿＿＿＿＿＿

问题：＿＿＿＿＿＿＿＿＿＿＿＿＿＿＿＿＿＿＿＿＿＿＿＿＿＿＿＿＿＿
＿＿＿＿＿＿＿＿＿＿＿＿＿＿＿＿＿＿＿＿＿＿＿＿＿＿＿＿＿＿＿＿＿
＿＿＿＿＿＿＿＿＿＿＿＿＿＿＿＿＿＿＿＿＿＿＿＿＿＿＿＿＿＿＿＿＿
＿＿＿＿＿＿＿＿＿＿＿＿＿＿＿＿＿＿＿＿＿＿＿＿＿＿＿＿＿＿＿＿＿

目标行为的操作定义（即增加或减少的行为）：＿＿＿＿＿＿＿＿＿＿＿＿＿
＿＿＿＿＿＿＿＿＿＿＿＿＿＿＿＿＿＿＿＿＿＿＿＿＿＿＿＿＿＿＿＿＿
＿＿＿＿＿＿＿＿＿＿＿＿＿＿＿＿＿＿＿＿＿＿＿＿＿＿＿＿＿＿＿＿＿
＿＿＿＿＿＿＿＿＿＿＿＿＿＿＿＿＿＿＿＿＿＿＿＿＿＿＿＿＿＿＿＿＿

行为目标（具体化）：＿＿＿＿＿＿＿＿＿＿＿＿＿＿＿＿＿＿＿＿＿＿＿＿
＿＿＿＿＿＿＿＿＿＿＿＿＿＿＿＿＿＿＿＿＿＿＿＿＿＿＿＿＿＿＿＿＿
＿＿＿＿＿＿＿＿＿＿＿＿＿＿＿＿＿＿＿＿＿＿＿＿＿＿＿＿＿＿＿＿＿

达成目标的积极结果：＿＿＿＿＿＿＿＿＿＿＿＿＿＿＿＿＿＿＿＿＿＿＿
＿＿＿＿＿＿＿＿＿＿＿＿＿＿＿＿＿＿＿＿＿＿＿＿＿＿＿＿＿＿＿＿＿
＿＿＿＿＿＿＿＿＿＿＿＿＿＿＿＿＿＿＿＿＿＿＿＿＿＿＿＿＿＿＿＿＿

未达成目标的消极结果：＿＿＿＿＿＿＿＿＿＿＿＿＿＿＿＿＿＿＿＿＿＿
＿＿＿＿＿＿＿＿＿＿＿＿＿＿＿＿＿＿＿＿＿＿＿＿＿＿＿＿＿＿＿＿＿
＿＿＿＿＿＿＿＿＿＿＿＿＿＿＿＿＿＿＿＿＿＿＿＿＿＿＿＿＿＿＿＿＿

此计划应承担的责任：＿＿＿＿＿＿＿＿＿＿＿＿＿＿＿＿＿＿＿＿＿＿＿
＿＿＿＿＿＿＿＿＿＿＿＿＿＿＿＿＿＿＿＿＿＿＿＿＿＿＿＿＿＿＿＿＿
＿＿＿＿＿＿＿＿＿＿＿＿＿＿＿＿＿＿＿＿＿＿＿＿＿＿＿＿＿＿＿＿＿

重新评估的日期：＿＿＿＿＿＿＿＿＿＿＿＿＿＿＿＿＿＿＿＿＿＿＿＿＿
＿＿＿＿＿＿＿＿＿＿＿＿＿＿＿＿＿＿＿＿＿＿＿＿＿＿＿＿＿＿＿＿＿

＿＿＿＿＿＿＿＿＿＿　　＿＿＿＿＿＿＿＿＿＿　　＿＿＿＿＿＿＿＿＿＿

青少年签名：　　　　教育工作者签名：　　　　家长签名：
＿＿＿＿＿＿＿＿＿＿

来源：格雷戈里·A. 法比亚诺(Gregory A. Fabiano)的《破坏性行为的干预：减少问题行为与塑造适应技能》(*Interventions for Disruptive Behaviors: Reducing Problems and Building Skills*)。Copyright © 2016 The Guilford Press。购买本书者，可复印本表供个人使用或与个别学生一起使用。

附表5-4　团体奖励项目模板

日期：＿＿＿＿＿＿＿＿＿＿＿＿

描述当前问题：＿＿＿＿＿＿＿＿＿＿＿＿＿＿＿＿＿＿＿＿＿＿＿＿＿

＿＿＿＿＿＿＿＿＿＿＿＿＿＿＿＿＿＿＿＿＿＿＿＿＿＿＿＿＿＿＿＿＿＿

＿＿＿＿＿＿＿＿＿＿＿＿＿＿＿＿＿＿＿＿＿＿＿＿＿＿＿＿＿＿＿＿＿＿

＿＿＿＿＿＿＿＿＿＿＿＿＿＿＿＿＿＿＿＿＿＿＿＿＿＿＿＿＿＿＿＿＿＿

＿＿＿＿＿＿＿＿＿＿＿＿＿＿＿＿＿＿＿＿＿＿＿＿＿＿＿＿＿＿＿＿＿＿

描述这是一个群体问题而不是个人问题：＿＿＿＿＿＿＿＿＿＿＿＿＿＿＿

＿＿＿＿＿＿＿＿＿＿＿＿＿＿＿＿＿＿＿＿＿＿＿＿＿＿＿＿＿＿＿＿＿＿

＿＿＿＿＿＿＿＿＿＿＿＿＿＿＿＿＿＿＿＿＿＿＿＿＿＿＿＿＿＿＿＿＿＿

＿＿＿＿＿＿＿＿＿＿＿＿＿＿＿＿＿＿＿＿＿＿＿＿＿＿＿＿＿＿＿＿＿＿

目标行为的操作定义（即增加或减少的行为）：＿＿＿＿＿＿＿＿＿＿＿＿

＿＿＿＿＿＿＿＿＿＿＿＿＿＿＿＿＿＿＿＿＿＿＿＿＿＿＿＿＿＿＿＿＿＿

＿＿＿＿＿＿＿＿＿＿＿＿＿＿＿＿＿＿＿＿＿＿＿＿＿＿＿＿＿＿＿＿＿＿

行为目标（具体化）：＿＿＿＿＿＿＿＿＿＿＿＿＿＿＿＿＿＿＿＿＿＿＿＿

＿＿＿＿＿＿＿＿＿＿＿＿＿＿＿＿＿＿＿＿＿＿＿＿＿＿＿＿＿＿＿＿＿＿

达成目标的积极结果：＿＿＿＿＿＿＿＿＿＿＿＿＿＿＿＿＿＿＿＿＿＿＿＿

＿＿＿＿＿＿＿＿＿＿＿＿＿＿＿＿＿＿＿＿＿＿＿＿＿＿＿＿＿＿＿＿＿＿

未达成目标的消极结果：＿＿＿＿＿＿＿＿＿＿＿＿＿＿＿＿＿＿＿＿＿＿＿

＿＿＿＿＿＿＿＿＿＿＿＿＿＿＿＿＿＿＿＿＿＿＿＿＿＿＿＿＿＿＿＿＿＿

重新评估的日期：＿＿＿＿＿＿＿＿＿＿＿＿＿＿＿＿＿＿＿＿＿＿＿＿＿＿

＿＿＿＿＿＿＿＿＿＿＿＿＿＿＿＿＿＿＿＿＿＿＿＿＿＿＿＿＿＿＿＿＿＿

附表 5 - 5　回顾当前的和潜在的学校干预方法的
自学或咨询清单

基础策略

程　序	使用有效	使用无效	考虑尝试
1. 规则			
2. 表扬和庆祝			
3. 学校奖励			
4. 回应机会			
5. 活动前制定计划			
6. 有效指令和要求			
7. 纠正式反馈			

预防策略

程　序	使用有效	使用无效	考虑尝试
1. 每日报告卡片			
2. 行为契约			
3. 功能性行为干预			
4. 团体奖励			
5. 同伴调解			

目标策略

程　序	使用有效	使用无效	考虑尝试
1. 描述			

第六章

适应技能的训练干预

本书聚焦减少问题行为和破坏性行为。但是，好的干预通常包括教授适应技能的策略。家长教养策略（第四章）和教师策略（第五章）包括改善成人管理破坏性行为的技能的方法。本章关注可用于提升亲社会行为、学业成就、执行功能/自我控制能力的策略和方法，这些都是破坏性行为障碍青少年所缺失的。

在接触一个攻击性和问题行为严重的儿童的案例后，我深深地意识到强调技能培养的必要性。在与儿童的父母和教师密切合作之后，我们建立了每日报告卡片，在家中实施了强有力的奖励制度，并给家长注册了为期两个月的家长教养课程以改进家庭策略的使用。这些努力最终都有了回报。很快，该儿童开始更多地在家庭中遵守规则，家长对于自身的教养方式更加自信，教养方式也更加有效，教师也报告了在这一学年该儿童第一次上交了家庭作业。在我结束这个案例后的一个月，该儿童的父亲打电话跟我说，他对有一天发生的事情感到很兴奋。那天，他的儿子兴高采烈地从学校回家，因为儿子在校车上听说他们班里经常在附近操场踢

145

足球的同学想邀请儿子一起踢足球。父亲感到非常欣慰，因为他知道这有多辛苦，他们付出了多少努力才让儿童形成良好行为，而现在儿童正积极地融入同伴中。这个例子表明，专注培养儿童技能与减少问题行为同样重要；毕竟，一个开心的、有社会技能且学业进步的儿童才是大多数家长和教育者希望看到的成功治疗结果。同样，只减少负面行为通常在临床上是不够的（这也是家长会停止或拒绝药物治疗的一个原因，因为在主要生活领域症状的减轻并不代表较好的功能性结果；参见 Waschbusch et al.，2011）。

因此，本章主要关注功能性结果的改善。首先，我们将介绍功能性结果的情境。这包括家庭、学校、放学后的项目、咨询课程和结构化的治疗情境（如暑期治疗项目）。其次，我们将介绍技能培养干预措施中的功能性领域。功能性领域包括同伴关系和成人关系、学业活动和进步，以及执行功能和自我控制。最后，我们将介绍有关儿童和青少年技能培养的内容。介绍促进技能培养的详细例子，以指导教育工作者帮助儿童和青少年在特定领域成长。

技能培养的情境

有两种方法在相互角力：到底是指导儿童掌握某一特定技能，还是在不同情境中向儿童提供大量技能训练的机会，两者谁能推动技能的使用并有较大可能性带来成功。一方面，在指导上花费大量时间而不给儿童足够的时间练习通常不会带来明显的行为变化；另一方面，不充分的指导可能导致失败的应用，同样无法实现主要行为的变化,而且可能导致儿童因没有从努力中得到回报而变得更加消沉。因此,专业人员必须保证指导、练习和行为反馈的平衡,一小步一小步地发展,并最终显著改善行为。

将新学习的适应性行为进行归纳并应用到其他情境中同样非常重要。以同伴情境中的社会技能为例。一名儿童可以在咨询过程中学习到,如果要加入其他儿童正在开展的活动,他需要做的是走到同伴面前,询问是否可以加入,获得许可后加入这个活动。这种方式的问题在于,把同伴之间复杂的互动想象得过于简单。在咨询室中,社会技能训练包括三个基本步骤:(1) 识别想要加入的同伴群体;(2) 询问是否可以加入;(3) 得到许可后开始和同伴一起玩。任何一个在学校操场玩过的人都知道,儿童将要进入一个非常复杂的情境(相关讨论可参见第七章治疗效果的归纳)。儿童可能正要开始或结束游戏,同伴们有的要加入这个活动有的要退出这个活动,很难了解到原先的同伴关系和同盟关系是怎样的,而且尽管儿童使用了适当的方式,同伴还是可以拒绝该儿童的加入。而且,在这个例子中,上前询问是否可以加入是成人认为最好的方案。它忽略了其他可能更有效的方法,比如看着同伴玩直到被邀请加入,逐渐地加入而不直接询问,在附近开始一个新的游戏,或者其他一些可能对同龄儿童更有效的策略。这些问题可能会导致破坏性行为障碍儿童和青少年社会技能训练收效甚微(见 Evans et al.,2013;Pelham & Fabiano,2008)。

有一点需要强调,破坏性行为障碍儿童和青少年最好是在日常情境中学习适应性行为，而不是在教室或咨询室进行一对一面谈。这种一对一的咨询可能会帮助儿童和青少年更好地接受训练，提供一些最初的解释并协助干预，但不太可能显著地提高其适应技能。这是因为，对大多数破坏性行为障碍儿童和青少年而言，已经有很多人告诉他们应该怎么做——如果这个方法对任何人都可行，那么也应该对他们行得通！但他们仍然在行为方面有缺陷，这说明除了教导以外，治疗还应该包括练习和应用。如果可以整合到日常情境（家庭、教室、同伴群体）中，行为反馈、问题发现和解决，以及对适当行为的强化都将更有效，同时也可以促进自身的泛化（参见第七章）。

亲社会技能的培养

帮助破坏性行为障碍儿童培养亲社会技能主要有两种方法。第一种方法是训练儿童的亲社会技能，使他们具备将知识和技能运用到生活情境中的能力。第二种方法是使用依随管理策略来鼓励儿童表现出大量亲社会行为并减少反社会行为。我们将逐一讨论两种方法。

亲社会技能训练的干预实例包含愤怒应对项目（Larson & Lochman，2010）、惊奇岁月恐龙课程（Webster-Stratton et al.，2008），以及用于减少家长和青少年冲突的行为家庭系统方法（Robin & Foster，1989）。愤怒应对项目（anger coping program）大概有 18 节训练课程，帮助三至六年级的破坏性行为障碍儿童管理消极情绪、行为和想法。愤怒应对项目通常在学校情境中进行，指导手册中包含应用的具体程序。惊奇岁月恐龙课程（incredible years dinosaur curriculum）使用玩偶向年纪小的儿童教授亲社会技能。有证据表明，对于有行为问题且年纪较小的儿童，该项目本身是有效的，同时它也可以与其他家长和教师版本的惊奇岁月项目相结合。行为家庭系统方法（behavioral-family systems approach）教授有破坏性行为障碍的青少年如何应对家庭冲突。它教育家长和青少年如何有效地使用沟通策略，例如使用"我"的陈述（I statements）、积极聆听，以及从他人的角度来理解观点和感受。同时，该项目教育青少年如何使用结构化的问题解决方法来与父母协商。对青少年而言，理解并应用这些技能并不容易，还要教授他们什么是消极想法和认知归因偏差，并指导他们使用这些认知重建技能来减少消极想法。

对破坏性行为障碍儿童而言，尤其对青少年而言，教他们寻找表达情绪的其他方法可能会比较有效。愤怒的时候，许多儿童表达自己情绪的方法只会加剧冲突。例如，"你太不公平了""你从来不听我的"或"你不明白"这种陈述通常会使对方处于防御姿态，因为它们将"你"归于某种被指责的特征。本章末尾附表 6-1 提供了用于帮助儿童识别情绪的工作表，并列举了可以有效表达这些情绪的使用"我"的陈述。

除了教育儿童和青少年使用有效沟通技能，如使用"我"的陈述，家长和教育工作者在很大程度上也需要结合其他社会技能，从而促进和加强有效沟通技能的使用。值得注意的是，文献中显示出积极效应的社会技能训练研究都包括家长和教师部分。有研究者(Pfiffner & McBurnett，1997)训练注意缺陷多动障碍儿童使用有效社会技能，同时教授家长行为管理策略，以及鼓励、加强和维持儿童在家庭和其他环境中使用有效社会技能。该研究是为数不多的社会技能训练积极效应的研究，这也许是因为家长积极参与干预。另一个研究团队通过聚焦家长和学校干预促进了适当社会技能的发展，该项目教授家长如何在同伴关系中为儿童提供帮助和支持。接着，家长在儿童和其他小朋友开展短暂的半结构化游戏的过程中使用这些策略(Mikami et al.，2010)，或教师将聚焦同伴的干预方法整合到整个班级活动中(Mikami et al.，2013)。

亲社会技能也可以在密集的暑期治疗项目(summer treatment programs，STPs)或强度稍低的(如放学后或周末)治疗项目中培养。暑期治疗项目作为对注意缺陷多动障碍儿童进行循证治疗的手段，主要针对同伴关系和互动不良(Pelham & Fabiano，2008)。表面上看，暑期治疗项目就像普通的夏令营，包含游泳、艺术、手工、体育、野营和学业发展等活动。但是，与所有这些活动交织在一起的是一种应用行为分析方法，它依赖个体(如教师、咨询师、家长)在自然的营地环境中实施行为矫正策略——在这种环境中，可以改善以同伴为中心的行为，并在必要时解决负面行为问题。通常在8周的时间里，儿童有320个小时练习与大人以及同伴一起在真实环境中进行交流。暑期治疗项目针对5~16岁的儿童和青少年,为期6～9周。儿童被安排在与年龄匹配的组,每组大约有12～15名儿童,咨询师为每组实施治疗。小组成员整个夏天都待在一起,因此可以在群体中得到较大强度的沟通体验,可以交朋友并在不同情境(如娱乐性质的情境、非结构化的情境、课堂)与大人适当地交流。暑期治疗项目中有关治疗的很重要的一点是,所有干预都发生在正常儿童和青少年活动的情境。同时,值得强调的是,每周的家长行为训练课程也是暑期治疗项目的一部分。这些课程有助于家长制定适应性的和有效的教养策略,它们可以在暑期治疗项目之外的情境应用。通常,每周的某个晚上暑期治疗项目的工作人员会提供儿童看护,以方便家长参与这些治疗课程(见Pelham, Greiner, & Gnagy, 1998)。

暑期治疗项目中的治疗传递是连续的。从儿童每天早上到达暑期治疗营的那一刻起直到儿童离开,最好的实践行为干预整合到所有日常活动中。即使是最平常的暑期治疗项目活动(如洗澡和到达/离开)也有非常详细且清楚的规则和程序。如第四章和第五章所述,所有活动都建立了明确的规则,并有清楚的预期行为指令,以及事先就决定好的奖励和惩罚机制。这些都整合到项目活动之中,并且为干预提供了框架。在小组讨论中,儿童有许多机会可以观察恰当的社会技能,同时看到其他儿童因为某个明确的行为得到奖励或惩罚。因此,儿童经常有机会从同伴那里学习适当行为和不适当行为及其后果。

暑期治疗项目已被广泛评估,并且有实证证据支持其有效性

（Evans et al.，2013；Pelham & Fabiano，2008；Fabiano et al.，
2014）。许多在暑期治疗项目中使用的促进亲社会技能的程序同
样适用于放学后的情境、社区中心或体育团体。不仅如此，暑期治
疗项目还是多元预防和干预项目的一部分，多元预防和干预项目
主要针对有违法犯罪和破坏性行为恶化风险的儿童和青少年
（August，Realmuto，Hektner，& Bloomquist，2001），它的使用
可以帮助这些儿童和青少年改变行为的发展轨迹。作为一个有效
的项目，暑期治疗项目应该被视为其他干预措施的基石，应用于需
要接受同伴和成人关系治疗的破坏性行为障碍儿童和青少年。未
来我们需要继续努力，以增加这一有效干预方式的应用、实践和
传播。

学业技能的培养

虽然学习困难并不是青少年典型破坏性行为障碍的一部分，
但它们肯定是相关的，而且经常同时发生。破坏性行为障碍是否
导致低学业成就，或学习困难是否导致在社会和学校情境下面
临更多的挑战以至于增加了破坏性行为的发生？这种判断有时
很困难。很多时候，大多数破坏性行为障碍儿童也需要学业技
能培养的支持。对学业干预的详细综述已经超过本书探讨的范
畴，不过下面我们介绍几个基础学业干预、预防学业干预和目标
学业干预的例子，来概述在综合干预情境下培养学业技能的不
同方式。

基础学业干预

与第五章讨论的基本技能相似,学业指导的基本技能包括课堂教学的参与性和动态性,集中注意力和精力的有效课堂管理技巧,正确运用课堂内容时提供表扬,学生回答错误时提供正确的反馈(Reddy et al., 2013)。基础层面的具体教学支持策略包括使用概念摘要(经常总结关键点),同时提供机会使儿童得到关于课堂内容的回应(参见第五章此策略的相关讨论)。

另一个可以帮助破坏性行为障碍儿童的基础策略是班级同伴辅导。在班级同伴辅导中,儿童成对合作完成阅读任务。每一对中,一个阅读能力稍强的儿童和一个阅读能力稍弱的儿童合作完成任务(Fuchs & Fuchs, 1997)。该方法的优势很明显,它显著地增加了课堂上学业回应的机会:课堂上所有学生同时完成学业任务,而不是每次一人完成学业任务。值得注意的是,班级同伴辅导不仅提高了儿童的阅读能力,而且在整个课堂环境中锻炼了儿童的社会行为(Simmons, Fuchs, Fuchs, Mathes, & Hodge, 1995)。从管理破坏性行为的角度来看,该方法的另一个优势是,所有儿童都可以同时参与任务,这减少了长时间授课引起的干扰或削弱了学业倦怠带来的影响。

预防学业干预和目标学业干预

许多策略都可用于提升破坏性行为障碍儿童的学业技能。在开始技能培养之前,一般建议教育工作者首先了解第五章介绍的策略,在强度和成本更高的技能训练开始之前明确所有的基础策略都已到位。在使用基础策略后，下一步就是确认儿童或青少年是否具备所需的学业技能。表6-1列出了小学、初中/高中阶段适用于破坏性行为障碍儿童的潜在干预目标。

表6-1 学业技能培养中的几个重要功能领域

功能领域	小　学	初中/高中
责任感	• 将作业带回家/带去学校 • 准备要求的材料	• 管理短期和长期任务 • 为每节课准备所有要求的材料 • 记住截止日期 • 适当记录作业
学业内容	• 阅读流畅 • 熟练进行数学计算 • 理解力	• 阅读理解 • 组织笔记
学业特质	• 坚持完成任务 • 关注任务 • 减少粗心	• 坚持完成任务 • 关注任务 • 减少粗心 • 管理时间 • 管理拖延症 • 使用有效的学习技巧

在学业领域支持有破坏性行为的青少年的一个具体干预例子是家庭作业、组织和计划技能（Homework，Organization，and Planning Skills，HOPS）项目（Langberg，2011）。家庭作业、组织和计划技能项目包括16节干预课程，学校心理健康教师教授儿童/青少年如何整理学习材料，适当记录作业，管理作业完成的进度，提前计划且适当地管理时间。例如，通过使用标准化的清单列

表来整理书包、储物柜和表单存储库（如文件夹、收纳夹）。学校心理健康教师还要教授儿童/青少年如何用清单列表的方式整理所有东西，然后监督他们按照清单列表进行整理。如果在监督过程中儿童/青少年按照清单列表完成任务，那么他们将得到相应的分数，并且可以使用这些分数来兑换自己选择的奖励。在某种程度上，该干预方式和第五章介绍的每日报告卡片一致，除了将目标行为（如儿童为上课作准备）分为几个不同的组成部分（儿童带着收纳夹进入教室，儿童带着所有要求的课程材料进入教室，儿童的课程材料以时间顺序被整理在收纳夹中，等等），还要评估每一部分是否与提前定好的清单列表要求一致。这种支持学业技能发展的方法被证明可以在学校场景下有效改善学生的学业技能（Langerg，Epstein，Becker，Girio-Herrera，& Vaughn，2012），它对于破坏性行为障碍儿童是一种有前景的干预方式，因为它可以轻松地将已存在的管理框架和日常事务安排整合在一起。

促进学业技能发展并适合目标干预的多成分干预的另一个例子是挑战地平线项目（challenging horizons program），它可以帮助支持初中生和高中生记笔记、管理作业、学习技能和设定目标（Evans，Serpell，Schultz，& Pastor，2007；Schultz & Evans，2015；Schultz，Evans，& Serpell，2009；注意，挑战地平线项目也强调社会技能和自我调控，是一个存在多个关注点的干预项目）。挑战地平线项目已在课后项目中实施，并通过学校心理健康教师整合到学校活动中。有证据显示，它在青少年学业方面有积极的效果。

和控制组被试相比，参与挑战地平线项目的被试总体上有更高的平均绩点（grade point average），这从家长和教师的角度来看代表更好的社会功能结果。

执行功能和自我控制

执行功能（计划性、冲动抑制、提前思考结果、引导注意力）是破坏性行为障碍儿童干预中最受关注的领域。然而，它也是干预中最没有成效的领域。举个例子，近些年来在对注意缺陷多动障碍儿童的工作记忆、认知控制和执行功能的改善中使用了电脑辅助训练项目（这类项目有很多版本，但总的来讲都是让儿童在电脑上做许多任务来改善执行功能）。尽管有人声称这些项目可以改善记忆力、自我管理和行为控制，但是现有数据分析表明这些效应都比较微弱（如果真的存在），而且这些研究都存在缺陷（Chacko et al., 2014; Shipstead, Hicks, & Engle, 2012）。在注意缺陷多动障碍和相关破坏性行为障碍儿童的自我管理干预中，使用认知控制训练的结果也不是很理想（Abikoff, 1991）。这些自我控制和执行功能训练项目并不被认可的一般原因是，这类干预手段将儿童或青少年从自然环境中分离出来，在电脑前训练他们的相关能力，并期望干预效果可以泛化到日常生活中（参见第七章对泛化的拓展讨论）。在这点上，近几十年的研究都指出，将儿童从日常生活中"剥离"出去的干预方式对破坏性行为障碍儿童改善其执行功能和自我管理技能并不奏效。

相反，一些整合性的执行功能和自我管理干预方式很有前景。其中，一个比较出名的项目是促进替代思维策略（promoting alternative thinking strategies，PATHS）课程（Greenberg et al.，1995；Kam，Greenberg，& Kusche，2004）。促进替代思维策略课程是一个整合到课堂中的综合项目，包括教授情绪和社会能力的课程，可以减少学校环境中的攻击问题和行为问题。该项目通过在课堂环境中使用适当的课程和语言来教学，主题包括问题解决技能、情绪相关知识、自我管理和同伴关系技能。之后，教师继续在学校强调这些技能的重要性以帮助学生泛化这些概念和策略。促进替代思维策略课程可以应用于幼儿园到初中阶段，作为提高执行功能和自我管理技能的普遍性干预方法，比较适合在学校系统中使用。快速追踪（fast track）研究（一个帮助有品行问题风险的儿童的普遍性干预方法）的结果表明，促进替代思维策略课程可以有效改善有破坏性行为问题的儿童的同伴关系和社会功能（Conduct Problems Prevention Research Group，1999）。类似的项目还有应对能力项目（Larson & Lochman，2010），它教授有攻击性和破坏性行为的儿童有效改善社会认知、自我控制和自我管理的策略，然后通过教师和家长的支持促进泛化。这些方法为提高儿童的自我管理技能提供了美好蓝图。

由于许多机构（如学校、咨询中心、诊所）的基础设施都是为一对一的治疗或培训而设置的，因此个体自我管理和执行功能训练的想法非常有吸引力，它与传统的干预模式非常吻合。但是，与个体咨询或训练方法有关的研究都给出了一致的结果：缺少推广程序且不能将治疗部分整合到自然情境中的方法都是无效的。促进替代思维策略课程和愤怒应对项目在很大程度上会有效果，因为它们将训练、咨询与专门的推广程序结合起来。学校心理健康教育的工作者应该将这些程序整合到执行功能项目中。

本章小结

许多干预方法可以帮助破坏性行为障碍儿童维持同伴关系、培养适当的社会技能、提升学业成就和执行功能。好的方法通常包括依随性管理策略以促进技能的使用，所有这些方法都包括家长和教师训练，同时支持将技能泛化到儿童的生活环境中。未来的研究将围绕如何在学校和社区中应用这些公认的有效干预方法而展开。

附表6-1 工作表：识别情绪和建构"我"的
陈述来有效表达情绪

1. 列举你能想到的所有感受或情绪：

_____

_____

_____

_____

_____

2. 在上面的每种感受或情绪旁边，列出伴随这种感受或情绪出现的行为、想法和身体感觉。

思考不同的情绪如何激发相同的行为或身体感觉——比如，害怕和听到好消息都会导致心跳加速。注意，想法通常是不同的，这意味着我们的想法能够影响我们思考行为和情绪的方式。

使用上面确定的情绪来标记下面"我"的陈述。

• 主要的问题是：_____

你的感受是什么？_____

什么方法可以改变这种情形？_____

如何用"我"的陈述来表达？_____

• 主要的问题是：_____

你的感受是什么？_____

什么方法可以改变这种情形？_____

如何用"我"的陈述来表达？_____

• 主要的问题是：_____

你的感受是什么？_____

什么方法可以改变这种情形？_____

如何用"我"的陈述来表达？_____

第七章

干预效果的泛化和维持

　　与有问题行为的青少年的家长的许多访谈和讨论都呈现出一个共同的主题，即这些问题行为已经存在很长时间。通常在讨论成长的关键时刻时，家长会说，"他从来没有好好走过路，他总是在跑"。一位家长口述，她的孩子在婴儿时期非常焦躁，在她哺乳的时候打破了她的鼻子。还有一些家长会回忆说，他们的孩子在上幼儿园时看起来就很不一样，比如从来没有兴趣坐下来听故事或参加其他集体活动。这些故事十分相似——家长承认这种行为在孩子成长的早期就出现了。因此，在教育工作者、临床医生或其他专业人士开始与家长合作前，这些行为就已经存在一段时间。

　　鉴于这些行为的长期性，专业人士在与家长合作时必须注意以下几点。第一，家长可能已经尝试一些策略来管理孩子的行为。专业人士应该接受这些尝试和努力，因为一些策略可能是有效的或有潜力的，家长可以就这些尝试和努力提供反馈，为干预提供一个起点。第二，为了实现行为的改善，可能需要舍弃一些与儿童一起使用的策略。第三，这种长期性意味着，行为已经发生一段时间。而且,从功能性的角度来看,如果行为持续下去并得到强化,那么会给儿童带来一些益处(可能也会给家长、教师或家庭带来益处)。这意味着,治疗工作应该是密集的、持续的和跨环境一致的,以便产生有意义的行为改善结果。第四,专业人士还应注意,过去可能也有一些治疗措施,如果那些措施没有效果,家长可能很容易就对新的治疗措施感到气馁。重要的是,要不断地提醒家长,改变是缓慢的,显著的进步是通过一小步一小步的成功积累而来的,这需要很长时间。在许多情况下,真正明显的进步是通过几个月或几年而不是几天或几周来评估的。

本章接下来将主要讨论提升治疗效果在其他环境中的泛化和促进治疗效果的维持的一些策略。这一点很重要,因为像注意缺陷多动障碍这样的问题现在普遍被定义为慢性疾病(American Academy of Pediatrics,2011)。对立违抗障碍和品行障碍等疾病可以在正确的干预框架内管理,但如果长期得不到有效的治疗,它们也会造成持续的问题和困难。泛化变得很重要,因为问题行为可能发生在家庭、学校、社区和其他环境中。由于这一泛化问题,干预措施必须针对任何明显存在损害的环境。这意味着,如果家庭环境中存在损害,或者在探险队、运动队中与同伴交流时存在损害,那么仅靠学校干预是不够的。

泛化

泛化(generalization)可以被定义为,在一种环境中习得的行为可以有效应用于另一种干预没有发生的环境。从事破坏性行为障碍青少年研究的专业人员应该明确地制定泛化计划，而且他们应该以促进技能培养的方式来制定计划。这些问题让我回忆起在一个注意缺陷多动障碍儿童群体中工作的第一天。当时，儿童参与这个项目，玩一个安静地互相扔球的游戏。这时，一个小男孩来了，他打断了游戏，走到每个儿童面前，伸出手说："我叫彼得，很高兴认识你。"这种行为是礼貌的，这个小男孩的行为是适当的，但在某种意义上，这也是不正常的，因为其他所有儿童只想融入正在进行的游戏。很明显，这个小男孩被教导，当加入一个新的群体时，适当的社会技能是握手并告诉其他人自己的名字。这种行为实现了从教学情境到同伴群体的泛化，但是在儿童进入的环境和儿童表现出来的行为之间存在不匹配。这个例子突出了社会环境固有的复杂性并清楚地表明，与儿童一起工作以提升适当社会技能展示的专业人员需要考虑这种情况，判断自己教授的适当行为在儿童最重要的环境中是否有效实施：这些问题在日常生活中经常发生（参见第六章关于办公室社会技能培训及其对于破坏性行为障碍儿童存在的局限的讨论）。

　　破坏性行为障碍的文献中有一些关于泛化的坏消息——只有少量证据表明干预效果可以普遍泛化至未经干预的环境中，而多项研究表明干预效果没有泛化成功。例如，巴克利及其同事（Barkley et al.，2000）研究了旨在减少幼儿园学生破坏性行为的干预措施。研究有三个治疗组：一组是家长单独干预，一组是由教师实施课堂依随性管理方案,一组是前面两者的结合。所有治疗组均与正常对照组进行比较。在讨论结果之前,我觉得有必要强调研究的一个方面:研究者指出,大多数家长从未参加过教养项目。因此,家长在家庭环境中的治疗没有得到实施。与此相反,学校干预之所以能如期进行,是因为临床医生在整个研究过程中得到学区的大力配合,并有能力定期与教师见面。因此,这项研究在泛化上很有趣,因为治疗在学校环境中实施得很好,但在家庭环境中实施得较差。如果要进行泛化,家长缺乏参与应该不要紧,学校干预的益处将会渗透到家庭环境中。不幸的是,事实并非如此——这项研究实际上表明了非常具体的干预效果。从泛化的角度来看,结果很有趣,因为家长单独干预组没有改善,课堂干预组改善了,两者结合干预组也改善了,但实际上支持的是学校干预措施。这项研究表明,至少对于那些入学存在行为风险的儿童,治疗没有泛化效应。因此,值得注意的是,干预措施需要在所有希望有治疗效果的环境中积极实施。

泛化效果缺失的第二个例子来自对注意缺陷多动障碍非药物治疗效果的元分析(Sonuga-Barke et al., 2013)。元分析是将某一领域的所有研究结果结合在一起,在所有研究中产生一个整体效应。在这项元分析中,研究者关注的是从单盲方法中收集的评估结果。"基本上,评估者不知道这些儿童接受的治疗措施,这样就不会对他们的治疗评分有偏见。"在药物研究中,这是很容易做到的——研究包括安慰剂。在非药理学研究中,当主要干预是家长管理培训项目时,单盲方法评估包括教师评定,或者在课堂干预完成后的家长评定。在一篇论文(Sonuga-Barke et al.,2013)中,在实施治疗的环境中的措施的效应量显著。然而,单盲方法评估并没有产生效果。论文作者得出的结论是,没有足够的证据表明这些非药物治疗可能是单盲方法,单盲方法是评估结果的更严格的方法。然而,考虑到巴克利及其同事(Barkley et al.,2000)在上述研究中的讨论,这些结果很可能只表明治疗效果缺乏在未经治疗的环境中的泛化。因此,这再次表明,对破坏性行为障碍的治疗需要跨领域实施才能产生全面的效果。

尽管这些研究表明破坏性行为障碍的治疗效果往往不可泛化,但也有一些例子可以证明存在泛化。麦克尼尔及其同事(McNeil et al.,1991)将儿童(学前班和小学)的家长纳入家长培训项目。项目结束后家长报告,他们的孩子在家庭环境中的行为有所改善。根据报告,尽管学校没有直接干预,但儿童在学校环境中出现的违抗和品行问题有所减少,这提示了针对这种目标行为的治疗效果的泛化。相反,没有明确的证据表明注意缺陷多动障碍相关行为或社会化相关结果的泛化效应。因此,研究结果在治疗效果的泛化方面存在差异。另一项研究考察了运动环境下对注意缺陷多动障碍青少年社会技能训练效果的泛化(O'Callaghan et al.,2003)。在这项研究中,青少年被教导如何在一场集体踢球比赛中表现出良好的体育精神和专注行为。有证据表明,儿童能够有效地对所学的技能举一反三。值得注意的是,研究引入的策略之一是宽松训练（见综述 Stokes & Baer，1977），以便青少年接触各种各样的范例和条件，从而表现出目标行为。

斯托克斯和贝尔（Stokes & Baer，1977）的一些建议仍然适用于目前治疗工作中的泛化：（1）确保利用自然发生的事件促进目标行为；（2）在训练中纳入各种各样的范例；（3）确保训练宽松地开展；（4）有意模糊事件信息；（5）确保训练环境中的刺激与泛化的目标环境中的刺激具有共同特征。

在部署有效的干预措施时考虑这些促进泛化的原则是有用的，这些干预方法将被鼓励泛化到未经治疗的环境中。对于旨在减少破坏性行为的干预，要确保利用自然发生的事件，临床医生可以与教师合作，在儿童表现出目标行为后促进表扬和称赞的使用。教育工作者和家长也可以确保，在目标行为之后自然而然地出现积极结果。例如，当一个儿童在小组讨论中举手发言，如果这是一个目标行为，那么教师可能会要求这个儿童强化目标行为。对于年龄较大的学生，教师可能会允许已经完成作业的学生安静地在教室后面和同学交谈。对有破坏性行为的青少年来说，这些自然而然的积极结果很少出现（或者根本不会出现），如果目标是效果泛化，那么确保这些积极结果出现很重要。

训练应包括各种各样的范例，例如让儿童学习和实践多种策略，这些策略可以应用于多种情境。在前面的例子中，儿童握手并自我介绍，很明显他只被教导了一个范例。相反，一个被教导了多个范例的儿童可能会坐着观看直到被邀请，和其他儿童站成一个圈等待球扔给他，询问自己是否可以加入或向小组介绍自己。通过向儿童提供多个范例，儿童有可能想到一整套方法来展示目标行为。

宽松训练与提供多个范例相关。它包括使用各种方法与儿童互动，以确保儿童在不同情境下能够自如地表现出目标行为。这与泛化不那么重要的情境下的训练不同，例如在家里接电话每次都可以使用相同的回答（"你好，我是玛丽"）。宽松训练可以确保促进泛化的计划被直接整合到训练过程中。有意模糊事件信息对于泛化也很重要。当人们检查自动售货机的退币处是否有剩余的硬币时，这一原理就起了作用：退币处的门使人不知道强化物（硬币）是否卡在投币口，这就促使人们去查看硬币是否卡在投币口，即使它是一台个体从未使用过的机器。类似的原理也可以用于培训项目，即通过建立随机强化来促进泛化。奖励有时存在但不总是存在，这可能会增强在较长时间内表现出目标行为的动机。

确保训练环境中的刺激与泛化的目标环境中的刺激具有共同特征，这可能是目前实践中最重要的一点。成年人和儿童进行的一对一社会技能训练不太可能被有效泛化到复杂的同伴群体环境中，这可能是社会技能训练尚未被确定为注意缺陷多动障碍循证治疗的原因之一（Evans et al., 2013；Pelham & Fabiano, 2008）。有些干预确实是在与计划泛化的环境具有共同特征的环境中实施的，第六章描述的暑期治疗项目就是一个例子。在这种治疗环境中，所有训练和干预都是在教室、娱乐活动和非结构化的环境（例如,过渡到活动和从活动过渡)中进行的,这为可能需要泛化的环境(即儿童的家庭和学校环境)提供了大量实践和应用。

可以用于促进和追踪泛化的一个策略是每日报告卡片。如第五章所述,每日报告卡片包含目标行为。传统上,它们是操作化定义的行为,如"打断不超过三次""没有攻击行为的实例"和"听从大人第一次发出的指令"。这些行为虽然有明确定义,但促进了宽松训练,因为它们没有规定需要展示适当行为的具体实例。此外,在一天中,根据教师提供的是否达到目标的反馈,儿童将会接触到各种各样的范例(既有积极的也有消极的)以促进在不同情境下对积极行为的泛化。家庭奖励清单也鼓励对表现出的行为进行随机奖励。奖励项目和儿童行为改善的另一个作用是可能会增加自然回报,例如成人和同伴给予微笑,教师给予班级特权(例如,空闲时间玩电脑或替办公室传递消息),以及在学校环境中获得成就感。

另一个促进泛化的因素可能是自我管理。所有针对破坏性行为障碍青少年的行为干预的最终目标都是行为的自我管理,但这可能是一项困难的任务。有研究者(Briesch & Chafouleas,2009)回顾了关于青少年自我管理干预的文献,并确定其中许多干预方法是有效的。然而,需要注意的是,整个干预过程并不是自我管理。事实上,成年人持续为儿童自我管理以及表现出目标行为提供强化因素。儿童干预的自我管理方面包括观察、监控和记录自己的行为。因此,有破坏性行为的儿童能够在多大程度上完全管理自己的行为而不需要成年人监控行为和提供强化因素,这一点尚不完全清楚。这也并不奇怪，因为如果儿童能够自我管理行为，他/她就不太可能在一开始被认定有破坏性行为障碍。这的确表明，教育工作者和专业人士必须注意自我管理干预的局限性，尽管让儿童学会自我管理是一个很好的目标，但只有在确定儿童有能力承担这一任务时才可以这样做。

维持

正如本书所指出的，破坏性行为障碍通常是一种慢性的、长期存在的问题，贯穿儿童的学习生涯。从儿童早期（有时从出生开始）到青少年时期的追踪研究显示，约5%～10%的被试具有持续的冲动、破坏性和犯罪行为（Moffitt，1993）。尽管有时会对有破坏性行为的儿童进行强化干预，但一旦撤销干预，治疗的效果似乎又变得不再显著（Molina et al.，2009），这表明治疗效果没有得到维持。此外，需要注意的是，家长和教育工作者在与破坏性行为障碍儿童一起对治疗和管理破坏性行为作出极大的努力之后，可能真的会筋疲力尽（Dishion，Nelson，& Bullock，2004）。虽然治疗效果不一定能维持有点令人不安，但在其他领域也大体如此。例如，一个人停止锻炼，恢复高糖和快餐饮食，体重的减轻和健康的益处不太可能得到维持。又如，一个非常精通某一乐器的人如果没有一直练习，可能会发现自己变得相当生疏。因此，必须在破坏性行为障碍儿童的治疗过程中纳入维持的具体规划，以确保一旦治疗投入减少也能维持疗效。

这里有一些小贴士可能对治疗破坏性行为障碍儿童的实践工作者有用。第一，尽量采用与家长和教师已经应用于儿童的干预方法相一致的干预方法。法比亚诺和佩勒姆（Fabiano & Pelham，2003）的一个案例研究说明了这一点。此案例中，教师使用的是一种行为干预，儿童完成每节课的目标行为后可以获得奖励。这个项目通过一些微小的调整来维持干预，包括缩短获得奖励的潜伏期，以及通过更好地操作化定义达到目标的标准，为儿童和教师阐明儿童将如何具体达到行为目标。这些微小的调整促进了有效干预方法的实施，这种干预方法可以在整个学年有效地维持下去。

第二，利用环境中自然发生的强化。在与教师和家长的合作中，不鼓励那些必须花钱的奖励（如电子游戏）、不可持续的奖励（如为适当的行为支付报酬），或者依赖他人的奖励（如与同学一起玩）。我们强调自然发生的奖励。例如，早晨作好上学准备的儿童可以选择早餐，或者在规定的时间内完成所有作业的儿童可以获得自由时间。对于完成家庭作业，一个常见的建议是一旦完成，儿童就可以参与其他所有有趣的活动。这既是一种自然发生的奖励，也可能是一种可持续的奖励。

家长和教师还可能发现，如果他们齐心协力，那么随着时间的推移维持干预方法和治疗成果也会更容易。家长和教师经常会在儿童或青少年的最佳干预方法上发生冲突，这种情况也可能发生在父母和其他负责照顾儿童的人（如祖父母）之间。如果成年人的意见不一致，或者他们的干预目的不同，那么随着时间的推移和环境的改变，干预就不太可能得到有效的维持。因此，在整个干预计划和实施过程中，力图为儿童带来积极结果的成年人必须合作、沟通和协调，以确保任何改善都是共同努力的结果，并就治疗方法达成一致，以便能够维持这些方法。

虽然注意缺陷多动障碍青少年无法维持干预效果，但一旦撤销有效干预（Molina et al.，2009），有证据表明对立违抗障碍和品行障碍的治疗效果能够得到维持，甚至在积极治疗阶段之后仍有可能维持。例如，有证据表明，在家长行为训练项目完成后的 1～2 年（Reid et al.，2003），相当数量的有违抗行为的青少年仍表现出功能改善。一项研究表明，参与亲子互动治疗的学龄前儿童的母亲在 6 年后报告治疗效果依然存在（Hood & Eyberg，2003）。这些结果非常引人注目，它们表明家长行为训练项目的一个结果就是改变教养方式和亲子互动模式，以促进适应功能的维持。也许第二章介绍的强制过程减少或消除了，使家庭走上了不同于以往的干预道路。

本章小结

虽然与干预本身可能距离很远，但在初始治疗计划中，泛化和维持是考虑的重要因素。专业人士需要谨慎思考泛化，并确保治疗可以促进在多种环境中和多个个体（教师、家长、兄弟姐妹、同伴）一起使用所教授的技能。不仅如此，还应假定在一种环境中的有效干预不会自动泛化到其他环境，而设计和实施干预的人需要为泛化作出专门的努力。此外，对于维持破坏性行为障碍青少年的治疗效果，特别是在家长行为训练方面情况很乐观。为此，家长应该参与大部分的治疗工作，因为他们是最有可能在多个学年和教师之间"传递火炬"的人。第四章描述的策略是一个良好的开端，专业人士应该把家长的技能发展作为综合干预模式的一部分来支持。促进泛化和维持的经验法则是：囊括所有与儿童相关的人员，只要需要干预就必须持续下去；如果要获得和巩固疗效，那么可能需要在漫长的一段时间（可能在整个学校教育阶段）内维持治疗强度。

第八章

药物干预

　　破坏性行为障碍儿童的综合干预计划可能包括使用药物。在大多数情况下,学校工作人员不幸成为处方医师和学生家长的中间人。但正是因为他们有能力在结构化的学校环境中观察学生的行为,所以他们是用药效果和副作用(如果有的话)的最好的报告者。本章将介绍通常用于破坏性行为障碍儿童的药物,同时列举在学校环境中药物有效性的证据,并且讨论学校工作人员在用药管理中的角色和作用。

　　最近,破坏性行为的药物使用有非常大的改变,包括开具处方药方式的改变、将药物作为治疗破坏性行为可行方法的态度的改变,以及准备工作和管理策略的改变。这些改变在某些方面改善了破坏性行为的治疗,但也在其他方面带来了新的挑战。在探讨破坏性行为的药物治疗之前,对这一主题的简要概述和历史回顾有助于将本章提出的建议置于当代背景下。

　　对破坏性行为进行药物干预最早由布拉德利(Bradley,1937)提出,他发现兴奋剂可以减少儿童的过度反应和冲动行为。从那时起,刺激性药物广泛用于破坏性行为障碍儿童的研究,尤其是注意缺陷多动障碍儿童,以及有其他与破坏性行为障碍相关的问题(如对立违抗障碍和品行障碍)的儿童。有证据显示,药物至少可以短暂地减少破坏性行为问题(Connors,2002),对儿科医生和儿童/青少年心理医生的专业治疗指导都强调了治疗破坏性行为障碍时药物使用的必要性(American Academy of Child and Adolescent Psychiatry,2007;American Academy of Pediatrics,2011)。

许多创新举措已经消除药物治疗的一些局限性,包括开发可靠的长效药物(Pelham et al.,1999,2001)。这些长效药物减少了学校用药的剂量,对被要求服药的青少年来说,这可能是一个进步。例如,学校工作人员不再需要在中午的时候用大喇叭叫某个学生到卫生室来拿"行为药片"。而且,减少每周吃药的次数也可以降低忘记吃药的概率。长效药物配方将药效延长到傍晚,这可以帮助儿童在家中开展活动、做作业和服从指令。目前,长效药物是治疗注意缺陷多动障碍儿童最常见的方式。

然而,药物的使用也存在争议。长久以来,家长并不愿意就儿童的行为问题用药(Waschbusch et al.,2011)。由于用药带来的副作用和相对微弱的药效,注意缺陷多动障碍和其他破坏性行为障碍的儿童通常不喜欢吃药(Sleator,Ullmann,& Von Newmann,1982)。除了来自家长的质疑和反对,社会也表达了对有行为问题的儿童药物使用过量的担忧(Hinshaw & Scheffler,2014)。例如,20世纪90年代和21世纪初,刺激性药物使用量的最大增长出现在儿

童中，特别是年幼的儿童（尽管这种增长在近些年趋于平稳；参见
Zuvekas，Vitiello，& Norquist，2006）。然而，多种精神活性药物
（如抗抑郁药、抗精神病药）的使用量正在增加（Fontanella et al.，
2014）。调查显示，大多数被确诊为注意缺陷多动障碍患者的儿童
上学期间都在服药（Fabiano et al.，2013；Visser & Lesesne，
2005）。有研究表明，与同年级中年龄较大的儿童相比，学校中年
龄小于同年级学生的儿童由于"破坏性行为"而使用药物的情况更
明显（Elder，2010；Evans，Morril，& Parente，2010）。这就引发
了一个问题：发展正常的儿童是否会被转诊接受药物治疗以减少
行为多样性，并且被要求表现得和比他们年长的儿童一样？如果
是这样，那么在儿童破坏性行为障碍的药理学治疗领域，这是一个
严重的滑坡（slippery slope），因为这不应当是让儿童接触精神活
性药物及其相关副作用的适当理由。

　　近期，药物干预还出现其他变化。随着长效刺激药物的出现，
给儿童开具处方药的方式也发生了巨大改变。在使用长效药物之
前，儿童通常在早晨和中午服用有即时效果的利他林。对许多家
庭来说，药物的效果在放学回家之后就没有了，家长需要使用较严
格的策略来管理儿童。因此，家长通常会担心药效，因为他们基本
上看不到药物的作用。当药效可以持续到晚间时，家长观察到儿
童行为的不同，对药效的疑虑也就随之消失。尽管可能导致对药
物的依赖，但这种变化是否会带来其他结果，如减少正确教养方式
的使用，以及增加放学后和周末对药物的使用，这些都需要进一步

的研究来解答。一项研究表明,先让儿童接受药物治疗,会显著降低家长对后续行为干预的接受程度,如家长培训。

药物干预的另一个改变是它的整体使用情况。从以往药物干预的实践来看,开具的药物只在上学期间使用。医生鼓励在暑假或周末的时候停止用药,而且放学后很少使用药物。如果在放学后使用药物,剂量通常都会减小,因为家庭对儿童的行为要求不那么高。处方医师也会在达到治疗效果的同时尽量使用最小的剂量。现在,这些都有所变化。专业治疗指导推荐使用最大剂量,也就是在儿童不体验到副作用的前提下逐渐增加药物剂量。在儿童不体验到副作用的前提下可使用的最大剂量就是最好的治疗剂量,这导致给儿童开出的药物都是尽可能大的剂量。专业治疗指导也建议不要对儿童停止用药,建议儿童一周七天且全年用药。而且,长效药物并不是只针对儿童的功能缺陷(如只针对学校日或放学后的某些活动),而是全天以最佳剂量使用药物。不难想象,现在给儿童开出的刺激性药物的剂量是相当大的,而且使用的时间更长。目前,我们并不知道这一用药方法的改变会给儿童带来什么样的长期结果。

有关注意缺陷多动障碍用药的专业建议

正在考虑对注意缺陷多动障碍进行药物治疗的家长和医生所了解到的最佳干预方法的信息是杂乱甚至矛盾的。美国儿科学会表示,家长行为训练是 6 岁以下注意缺陷多动障碍儿童的首要干预方法。一项元分析(Charach et al.，2013)也报告了家长行为训练对 6 岁以下的注意缺陷多动障碍儿童有较高的效应量(在强有力的方法论研究中，d 值的范围是 0.062～0.068)。与此相对，美国儿童青少年精神医学学会(American Academy of Child and Adolescent Psychiatry，1997，2007)发布了有关注意缺陷多动障碍幼儿的两项措施。尽管 1997 年的发布提出："只有在非常严重的案例中，或者当家长训练和干预在高度结构化且人员充足的学前项目中没有成效时，才会使用刺激性药物。"(p. 103S)2007 年发布的措施中提供了相反的建议："对注意缺陷多动障碍儿童进行药物干预比单独的行为治疗更加有效。"(p. 903)除此之外，还删除了先前将药物使用列为家长行为训练的备选方案的建议。访问美国国家卫生研究院网站的家长可能会看到一条有关家长行为训练的温和建议：治疗可能包括控制症状的药物和/或疗法。家庭和学校的结构很重要，家长行为训练可能也有帮助。这些行业协会和国家组织所提出的建议之间的差异，很有可能增加医生和患者的困惑。不幸的是，面向注意缺陷多动障碍儿童家长的以患者为中心的组织(如 www.CHADD.org)不提供有关适当干预和治疗流程的具体信息，尽管这些刚刚确诊的儿童的家长是最需要这些信息和资源的人。

与注意缺陷多动障碍专业指南和实践参数中有时包含相反信息不同(American Academy of Child and Adolescent Psychiatry，2007；American Academy of pediatrics，2011)，家长的偏好一直

以来都是一致的。虽然治疗师和专业指南在某种程度上强调使用刺激性药物治疗注意缺陷多动障碍,但研究文献始终表明,家长强烈反对使用药物,尤其是对注意缺陷多动障碍幼儿(Bussing & Gary,2001;Waschbusch et al.,2011)。例如,有研究(Waschbusch et al.,2011)调查了注意缺陷多动障碍幼儿(平均年龄5.8岁)的家长,家长需要在针对注意缺陷多动障碍治疗方式的不同组合中作出选择。结果表明,71%的家长倾向于避免将使用药物作为治疗手段。进一步的分析预测,家长偏好包括行为疗法(如家长行为训练)在内的治疗方案,而不喜欢单一使用药物的治疗方案。这个研究使用巧妙的离散选择的方法,显示大部分家长偏好使用非药物治疗手段。这与报告家长偏好行为干预而不是药物治疗的大量文献研究是一致的(如 Johnston,Hommersen,& Seipp,2007;Krain,Kendall,& Power,2005;McLeod,Fettes,Jensen,Pescosolido,& Martin,2007;Waschbusch et al.,2011),而且对行为干预的偏好可能在刚刚得到注意缺陷多动障碍诊断的幼儿家长中最为强烈,因为许多治疗方法还没有使用,药物治疗可能被认为是干预手段中"最后的救命稻草"。

尽管现阶段药物治疗有一些优势,但我们也要考虑它的局限性。与家长讨论治疗方案时,我通常有两个目标:(1)减少问题行为(如"解决问题");(2)提高关键适应性行为的功能(如"建立技能和策略的坚实基础")。基于这两个目标,如果用修理工来比喻,那么只使用药物治疗的医师就相当于只有一个工具箱,而工具箱里只有锤子。当然，工具箱里面可能有不同种类的锤子——一些可以敲击长达 12 个小时，一些可能只在短时间内使用，一些可能有稍微不同的分子结构，等等。但最终，工具箱中所有可以用的工具只有锤子。如果你只需要钉一个钉子，锤子可能是最好的选择，但如果你还有其他工作要做，比如砍木材、打洞、测量，或将某个东西举起来，那么锤子可能并不是很有用，因为它只能发挥有限的功能。相反，有能力的行为分析师的工具箱中可能有多种工具，它们不仅可以支持儿童解决问题和培养能力，而且可以为儿童的教师、家长、同伴群体、教练和其他人提供多种策略支持和帮助。值得注意的是，药物干预通常是一种只针对儿童自身的治疗手段，而行为干预通常支持儿童和环境中的其他人。因此，在接下来的讨论中，很重要的一点是，我们认为药物干预带来的变化区间很窄，而对于大多数破坏性行为障碍儿童，即便使用药物治疗，其他干预手段也应该包括在其中。

使用药物治疗时需要考虑的一个问题是，药物治疗应该出现在破坏性行为障碍儿童治疗的哪个阶段。这里有三个主要选择：（1）同时使用药物治疗和社会心理治疗；（2）先使用药物治疗；（3）先使用社会心理治疗。接下来依次讨论每个选择。

在研究文献中，同时使用药物治疗和社会心理治疗有可供参考的具体例子。例如，在注意缺陷多动障碍多模式治疗研究（MTA Cooperative Group, 1999）中使用的四种治疗方法之一是，将最大剂量的药物和一系列密集的社会心理治疗（家长训练、教学场景中的半专业辅助、教师咨询、暑期治疗项目）相结合。在主要结果的测量上，接受高强度的行为矫治和药物治疗的儿童与只接受药物治疗的儿童有相同的治疗效果。很重要的一点是，接受两种治疗的儿童在使用较小剂量的药物时，总体上也可以与只接受药物治疗的儿童取得相似的结果。药物和行为干预的交互效应在破坏性行为障碍儿童中是存在的。在课外和课堂场景中，有证据显示接受小剂量药物治疗和低强度行为干预（如每日报告卡片）的儿童与接受高强度行为干预或大剂量药物治疗的儿童有相似的行为改善程度（Fabiano et al.，2007；Pelham et al.，2014）。

第二个选择是先使用药物治疗。这是目前治疗破坏性行为障碍儿童，尤其是注意缺陷多动障碍儿童最常见的方法。但是，这种方法有局限性，许多家长无法按照最初的处方配药，他们发现药物带来的副作用让儿童变得不开心，或者表现出违抗行为。此外，如果药物可以帮助儿童在课堂上好好坐着不影响上课，教师和家长使用其他干预方法（学业的、社会的、行为的）的动机就会变弱。有研究调查了治疗注意缺陷多动障碍的实际顺序——是先接受药物治疗还是行为治疗，研究表明几乎所有家长在接受药物治疗前都会接受行为治疗，如家长管理训练，只有少数家长在开始用药后接受家长训练项目（Pelham et al.，2016）。

第三个选择是先使用社会心理治疗，之后如果有需要再使用药物治疗。这是大部分家长认可的方式，因为药物经常被认为是"最后的救命稻草"。而且，正如前文介绍的，如果用药物来辅助当前正在进行的行为治疗项目，那么非常小的药物剂量也可以达到相同的效果。这可以减少药物使用带来的副作用，还可以让家长和儿童更好地遵守药物治疗方案。同时，有研究表明这种方法不仅更加有效，而且更具成本效益（Page et al., 2016）。

注意缺陷多动障碍的药物使用

表 8-1 列出了由美国食品药品监督管理局批准的通常用于注意缺陷多动障碍儿童的药物样本。正如表 8-1 呈现的，大多数药物都是刺激性药物，近期一些非刺激性药物也获得美国食品药品监督管理局批准，从而在注意缺陷多动障碍个体中使用。值得注意的是，尽管第一节提到的都是刺激性药物，但它们的有效性、副作用和疗程长度因人而异。因此，如果一种刺激性药物不起作用，那么医师可能会建议使用第二、第三种药物。而且，一些药物是短效药物（速释哌甲酯，大概持续四小时），一些药物是中效药物（麦太达 CD，大概持续八小时），一些药物是长效药物（专注达和阿德拉 XR，大概持续十二小时）。因此，治疗注意缺陷多动障碍和破坏性行为障碍的药物有很大不同。接下来介绍刺激性药物和非刺激性药物两大类药物。

表 8 - 1　获批用于治疗注意缺陷多动障碍的药物

通用名称	品　牌　名　称
刺激性药物	
哌甲酯	专注达、哌甲酯皮肤贴剂、麦太达 CD、麦太达 ER、媚他能、利他林、利他林 - LA
盐酸右哌甲酯	福卡林、福卡林 XR、麦太达 CD、麦太达 ER
硫酸右旋苯丙胺	迪西卷、右旋迪西卷、媚他能
二甲磺酸赖右苯丙胺	二甲磺酸赖右苯丙胺胶囊
复合苯丙胺	阿德拉、阿德拉 XR
甲基苯丙胺	盐酸脱氧麻黄碱
非刺激性药物	
匹莫林	赛乐特
托莫西汀	择思达
盐酸胍法辛	胍法辛
盐酸可乐定	卡普韦

刺激性药物

刺激性药物是儿科中使用最广、研究最多的药物。在给 18 岁以下人群开的处方药物中刺激性药物排名第六，而且在 2002—2010 年间增长了 46%，这是所有处方药物中增幅最大的一类

(Chai et al.，2012)。多个研究分别评估了刺激性药物的有效性，结果表明，相比于安慰剂，家长和教师对注意缺陷多动障碍症状的评分都在用药之后降低了(Connors，2002)。尽管刺激性药物减少注意缺陷多动障碍外在表现的机制尚未确认，但人们普遍认为，该药物有助于刺激注意缺陷多动障碍个体活动不足的大脑功能。因此，尽管表面看起来给一个被诊断为患注意缺陷多动障碍的个体开具刺激性药物是一件有悖常理的事情，但是刺激性药物刺激大脑功能可以使之更好地组织和调节行为。

与其他一些精神活性药物（如抗抑郁药物）相比，刺激性药物的起效和失效都较快。刺激性药物通常在服药后 30 分钟开始起效，根据不同的产品，效果的持续时间为 4 个小时到 12 个小时。如果需要持续的治疗方案，那么必须每日服用药物。同样，如果家长或处方医师希望只在上学期间或某个时间段（如周日早上的运动时间）使用药物，那么可以灵活地调整剂量。

和其他所有药物一样，刺激性药物也有副作用。常见的副作用包括食欲减退、头痛、腹痛、恶心和睡眠问题。服用长效药物的儿童可能没有胃口吃午饭和晚饭，但在晚上八点时突然饥肠辘辘也是常见的。如果儿童早上服用药物的时间较晚，那么晚上他可能会有睡眠问题。更严重的副作用包括运动抽搐，如颊舌运动（这是指儿童反复以环形方式移动下颚，或者在张开嘴巴时伸出舌头）、眨眼、皱鼻子或耸肩。儿童也可能在服用药物时变得更加敏感或烦躁。

药物最严重的两个潜在副作用包括生长发育迟缓（身高发展受阻）和心脏骤停的风险。在生长发育迟缓方面，过去对这个问题存在一些争议，研究结果相互矛盾。但是，近些年这方面的研究结果比较一致，刺激性药物的持续使用确实阻碍了生长（1～2厘米/年），而且有证据表明这些损害可能是永久性的，即使停药也无法弥补（Poulton，2012；Swanson et al.，2007）。第二个潜在副作用与服用刺激性药物的儿童和青少年由于心脏骤停而死亡有关。相关疑问是，服用刺激性药物是否增加了风险。有些研究显示确实存在这样的风险，另一些研究则认为没有这样的风险（U.S. Food and Drug Administration，2011）。鉴于此，美国食品药品监督管理局建议，有心脏问题或高血压/心率问题的个体不要使用刺激性药物和托莫西汀（一种选择性去甲肾上腺素再摄取抑制剂）。

非刺激性药物

近些年，一些非刺激性药物已得到美国食品药品监督管理局的批准。例如托莫西汀，它通常排在刺激性药物之后，作为二线干预药物使用，因为较少有研究报告它的安全性和有效性（American Academy of Child and Adolescent Psychiatry，2007）。而且，特别需要注意托莫西汀潜在的副作用，包括儿童和青少年自杀倾向增强，因此针对这一问题要重点监测使用托莫西汀这类药物的儿童和青少年。其他非刺激性药物包括可乐定和胍法辛，传统上它们用于控制高血压。现在，它们获得美国食品药品监督管理局的批准，可以作为治疗注意缺陷多动障碍儿童的药物，但和托莫西汀相同，作为二线干预药物，它们只在刺激性药物干预没有达到效果之后才使用（American Academy of Child and Adolescent Psychiatry，2007）。

学校专业人员在破坏性行为障碍用药启动和管理中的作用

目前，药物处方师（通常是儿科医生和心理医生）与最适合评估药物效果的个人（教师）之间存在很大的脱节。在对学校专业人员的访谈中，人们可能听到的关于注意缺陷多动障碍儿童的评论是"没有接受医学治疗"，这是对没有服用处方药的委婉说法。可能由于日程忙碌、行为担忧急切，以及在家长与教师之间收集和协调信息存在难度，因此许多儿科医生在没有仔细分析药物效果的情况下就开具处方药和确定剂量。考虑到家长会慎重思考儿童使用精神活性药物的决定，我们在这个领域可以做得更好。下面介绍一些旨在促进药物使用有效启动、监测和评估的策略。有一点很重要：这些策略最适合刺激性药物。美国食品药品监督管理局批准的其他替代性药物，如托莫西汀或胍法辛需要滴定（titration）和戒断（weaning），因此方法是不同的。专业机构（如 American Academy of Child and Adolescent Psychiatry，2007）的立场是，治疗注意缺陷多动障碍不应使用美国食品药品监督管理局没有批准的药物，除非在美国食品药品监督管理局批准的药物试验失败后接受适当的医生护理，或其他情有可原的情况下。

在学校内启动药物治疗的第一步包括让所有人处在同一水平线上,如果需要的话,应该包括家长、教育工作者、医生,甚至青少年。通常,最好委托一个人来协调所有程序并在服药期间及时更新状态以告诉所有人。这一创新方法的程序首先由佩勒姆(Pelham,1993)提出,他描述了如何在学校为注意缺陷多动障碍儿童提供医疗分析。评估时间为3～5周,每天随机分配药物和安慰剂的剂量。之后,连续几天收集一致的测量数据,在评估结束时,计算每种情况下的评分的平均数并加以比较,以确定是否存在药物效应、药物是否存在剂量反应效应,以及副作用是否集中在特定剂量内。

佩勒姆通过随机分配药物条件比较刺激性药物的快速起效/失效,来对药物进行评估。这与传统的从小剂量开始逐渐增加剂量的方法相比有许多优势。在传统的滴定方法中,药物剂量在一周或一个月内是稳定的,药物的效果会和同时发生的其他事情相混淆。儿童是否感冒,学校的运动会或其他校庆活动,或者代课教师来上课,这些因素都可以影响儿童在学校的表现,而且引起的变化可能会被错误地归因于药物的作用。首先,在同一周分配所有用药条件和安慰剂,这些外界因素对所有用药条件的影响是相同的,可以提供更加清晰的用药效果测试。其次,将这些用药条件随机分配到某一天,如果可以在儿童不知情的情况下分配(如药剂师将不同药物放在不透明的胶囊里),那么可以减小期望效应或偏见带来的评分差异。

举个例子，对某个儿童的药物分析可以包括安慰剂条件、低剂量的用药条件（每日 10 毫克哌甲酯类的药品或 5 毫克苯丙胺类的药品）和中剂量的用药条件（每日 20 毫克哌甲酯类的药品或 10 毫克苯丙胺类的药品）。通过与药剂师和医生协商，可以开具 5 份安慰剂、5 份低剂量药丸、5 份中剂量药丸。接着，在三周内随机分配药物。（在实际操作中，试验方法通常包括一个非随机的成分，避免在第一天分配最高剂量的药物以防止不良副作用。）表 8-2 提供了一个在学校情境中使用的药物干预评估日程安排示例。

表 8-2 学校情境中药物干预评估日程安排示例

日　　期	剂　　量
周一——第一天	低剂量
周二——第二天	安慰剂
周三——第三天	中剂量
周四——第四天	安慰剂
周五——第五天	中剂量
周一——第六天	低剂量
周二——第七天	低剂量
周三——第八天	中剂量

续　表

日　　期	剂　　量
周四——第九天	安慰剂
周五——第十天	中剂量
周一——第十一天	低剂量
周二——第十二天	安慰剂
周三——第十三天	中剂量
周四——第十四天	安慰剂
周五——第十五天	低剂量

注：在这个例子中，低剂量指的是一天服用两次 5 毫克的速释哌甲酯，中剂量指的是一天服用两次 10 毫克的速释哌甲酯。

　　学校专业人员可以通过收集详细的行为基线信息来帮助用药，以便将先前的状况与任意药物的效果进行比较。有多种收集行为基线信息的可行策略。如第三章所述，一些评估适用于进度监控，在药物评估的背景下也可能有用。每日报告卡片就是这样一个工具，它是对需要解决的所有功能性领域行为的日常记录。因此，将其概念化的一种方法是，如果它是一种有用的干预措施，那么它正好代表了药物应该改善的领域。因此，每日报告卡片作为药物评估的结果衡量方法优于症状检查表等方法，因为它是儿童跨关键领域功能的具体指标。而且，每日报告卡片的目标完成百分比与使用成本较高的测量手段（如观察或教师完成冗长的量表）得到的结果显著相关（Pelham et al.，2005）。因此，它是监控药物进程与反应的非常有效和经济的方法。

另一个在开始用药时需考虑的问题是，药物是否存在副作用。正如前文所述，可能出现的副作用有很多种，对行为改善的判断必须和药物的副作用一起考虑。例如，如果儿童在教室内的行为问题明显减少，但同时也出现了迟钝的表现使得儿童更少或没有兴趣参加课堂活动，那么许多教育工作者和家长会认为，与行为改善相比这种副作用的代价太大。

除了由教师实施药物效果进度监控，家长也应该在家中实施进度监控。这包括对症状和副作用的评估，以及对潜在药物效果的其他评估。例如，家长可以记录儿童每晚完成作业所用的时间。如果使用药物减少了完成作业的时间，那么这可以被看作药物治疗的积极效果。家长也是最适合监控儿童食欲减退或睡眠问题的人，这是两种最常见的副作用。将家长纳入进度监控是非常有益的，因为这可以让家长和教师在药物试验结束时评估他们对儿童服药前后行为观察的一致性。如果所有成年人都站在同一个立场，那么根据收集到的数据作出继续用药的决定将更加有说服力。

图 8-1 提供了一个基于学校的药物评估示例，它是由学校专业人员与医生、药剂师、教师和家长合作完成的。这个例子评估了安慰剂、低剂量药物和中剂量药物的效果。研究结果通过儿童达

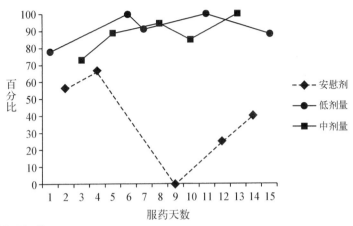

副作用评估

安 慰 剂	低剂量	中 剂 量
第二天和第九天：头痛	没有报告	第三天：感情迟钝；退缩 第十三天：肚子痛

图 8-1 学校环境中药物评估结果示例

注：低剂量为 5 毫克哌甲酯，中剂量为 10 毫克哌甲酯。

到每日报告卡片目标的百分比来评估。从图 8-1 可以看出，使用
安慰剂的儿童平均可以达到约 38％的目标，而使用低剂量的儿童
平均可以达到约 91％的目标，使用中剂量的儿童平均可以达到约
88％的目标。因此，两种剂量的药物都比安慰剂好，但两种药物之
间差异不大。由教师完成的副作用评估表明，在使用安慰剂和中
剂量药物的日子里儿童都会出现头痛的症状，而且使用中剂量药
物还有其他副作用。值得注意的是，在使用低剂量药物的日子里
没有报告让人担忧的副作用，而且行为改善的效果和其他用药情

况相同。在评估所有收集到的数据后，研究团队可以得出合理的结论，那就是药物确实可以帮助儿童改善行为，而且应该选择使用低剂量药物，因为可以得到相似的行为改善效果且没有出现不良副作用。

在进行初步药物评估以确定哪种剂量在学校环境中有效后，应定期开展评估，通过每日报告卡片、副作用评估和有意义的结果（如成绩、违纪转介或缺乏转介，以及社会功能指标）持续监测并不断审查用药进展，以确保治疗具有完整性且持续有效。

本章小结

在学校环境中，药物经常用于治疗破坏性行为障碍，尤其是注意缺陷多动障碍。药物经常在与实际情况不一致或脱节的情况下使用，而且家长、儿科医生和教育工作者之间缺乏协调。研究表明，药物在实施行为干预之后最有效（Pelham et al.，2016），而且低剂量药物在与行为干预相结合时通常有效（Fabiano et al.，2007）。这并不一定与当前的实践一致。教育工作者、家长和儿科医生需要合作，以确保儿童在药物使用之前得到适当的支持和干预，如果决定使用药物，那么最好在三方有充分交流和合作的条件下使用。

第九章

针对难以接触的群体

为应对难以接触或以前未被重视的破坏性行为障碍青少年群体,目前我们针对青少年破坏性行为的工作主要聚焦于策略的使用,而这些策略已在第三、第四、第五、第六章有所概述。虽然参与项目的儿童都患有注意缺陷多动障碍,但注意缺陷多动障碍也与其他破坏性行为障碍(例如对立违抗障碍和品行障碍)存在高共病率。下面概述三个历来在青少年破坏性行为障碍治疗文献中未被重视的支持群体:(1)破坏性行为障碍儿童的父亲;(2)表现出破坏性行为障碍的特殊教育儿童;(3)必须在班级范围内管理破坏性行为的早期教育工作者(学前教师)。本章包含相关治疗材料,可以通过联系作者获得这些干预方法的完整手册。

父亲参与干预项目

对教育工作者、学区和政策制定者而言,家长参与学校教育已经成为一个全国性目标。美国教育部制定了一项议程,将学校作为社区的中心,并把丰富多彩的儿童和家长活动纳入课余活动。

此项议程将"家长、社区志愿者、学校工作人员、慈善机构和大学之间的伙伴关系"描述为奥巴马政府学校改革方针的一个关键组成部分（Senate Hearing, Confirmation of Arne Duncan, January 13，2009）。这是一项雄心勃勃且符合现实需求的议程，但它也需要长足的发展才能取得有意义的成果，因为教育环境通常没把重点放在常规学校时间以外的干预活动上。

第四章回顾了可以促进有效教养的策略。然而，如果家长不能融入学校环境，他们就不会经常参加教授这些技能的学校课程。家长参与儿童教育的经验和家长（母亲和父亲）同教师的积极合作之间仍然存在脱节。例如，一项针对教师的调查显示，90％的教师认为让家长参与学校教育是首要任务，73％的教师表示与家长有对立关系；此外，教师认为家长是最有可能对他们之间的关系感到不满意的个体（Metlife, 2005）。对有不良行为的儿童来说，这些结果可能更加严重——大约33％的教师认为家长对孩子可用的资源了解不够（Metlife, 2005）。就普通教育环境而言，65％的母亲"高度参与"孩子的在校活动，而父亲"高度参与"的比例为33％（Child Trends, 2002）。简而言之，与母亲相比，目前少于一半的父亲"高度参与"孩子的学校教育。如上所述，在普通教育环境中，对于有不良行为的青少年，由于家长与学校的关系持续恶化，因此结果可能更糟。显而易见，与母亲相比，父亲一般在学校环境中与教育工作者接触较少。因此，增加父亲（包括生父、养父、继父以及承担照料任务的任何其他成年男性）的参与是旨在改善学生社会和行为功能的学校干预措施发展的关键目标。

父亲参与可能奏效的一个领域就是休闲体育活动。儿童在课间休息、体育课、教室、学校准许的活动时间,以及学校其他的非结构化时间参与娱乐和相关社会活动。有组织的体育活动帮助儿童学习重要的生活技能,例如团队合作,做一个优秀的运动员,以及适当处理成功和失败。这些体育活动是儿童在家庭之外最常见的经历。公正地说,体育活动是与学校环境(如课间、体育教育、教室)交织在一起的。破坏性行为障碍儿童具有抗挫力差、存在攻击性问题和同伴互动问题、难以保持注意力和遵守规则等特征,由于这些特征,儿童参加体育活动可能会对父亲教养构成真正的挑战(如 Pelham et al., 1990)。因此,在这些情况下,父亲有可能对儿童的社会交往和行为结果产生积极的影响(如 McWayne, Downer, Campos, & Harris, 2013),但如果没有支持性干预,父亲教养可能会陷入困境。目前,父亲对这些活动的参与也提供了一个合乎逻辑的切入点,目的是让父亲参与学校干预,因为这可以让父亲在他们熟悉的环境中参与学校干预,而不是试图让他们参与不熟悉的活动(例如育儿课、讨论儿童行为问题的校内会议)。

虽然在许多育儿活动中,父亲一般不扮演主要角色,但他们仍然扮演着一定的角色。事实上,父亲在儿童成长的许多方面都起着重要作用,包括情绪调节、社会认知和注意力的发展,而且很可能通过这些因素影响儿童的同伴关系(Parke et al., 2002)。如果父亲与儿童积极相处,那么母亲报告儿童的行为问题较少

（Amato & Rivera，1999）。父亲也对儿童的学业成就和学习能力有独特的影响（Forehand，Long，Brody，& Fauber，1986）。重要的是，这些是注意缺陷多动障碍儿童发育不良或功能受损最明显的领域。

为了同时促进父亲参与以及教养技能的教学与实践，我们开发和测评了指导我们行为失控的孩子：提高基本技能项目（Coaching Our Acting‐out Children：Heightening Essential Skills，COACHES；以下简称"考弛兹项目"）（Fabiano et al.，2009，2012）。具体来说，将一项体育指导活动纳入社区家长教育项目（Pelham et al.，1998），以提高父亲的参与度。考弛兹项目为期8周，每周花费2小时，将体育活动纳入家长培训项目。在第一个小时里，儿童练习足球技巧，而父亲们聚集在一起回顾有效的教养策略。在第二个小时里，父亲们在一场足球比赛中指导他们的孩子，以练习他们学到的教养策略（例如表扬）。

干预逻辑模型（见图9‐1）基于麦克韦恩及其同事（McWayne et al.，2013）对适当父亲参与的定义，该定义涉及积极的、有效的父亲参与的两个核心方面：（1）与儿童一起参与积极的技能培养活动（有别于基本教养任务如做饭、洗澡等）；（2）在教养角色中采用高质量互动。考弛兹项目通过真实活动（如体育活动）中的亲子互动，以及最佳实践教养策略指导，直接解决这两个核心方面的问题。该项目被认为是一种有效的方法，因为它结合了传统家长行为训练项目中介绍的内容，在体育环境中将参与和加强亲子互

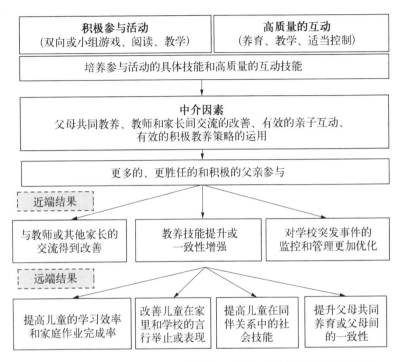

图 9-1　提升父亲参与以促进学校管理成功的考弛兹项目的逻辑模型

动结合起来。高质量的亲子互动以自由表扬、使用适当的指令和限制环境为特征,并确保亲子互动朝着更积极的方向(标记表扬或称赞)发展,呈现越来越少的消极干涉(即谴责、命令、批评)。这一方法的近端结果包含与教师或其他家长的交流得到改善,教养技能提升或一致性增强,以及对学校突发事件的监控和管理更加优化。这些都是考弛兹项目干预的直接结果。远端结果反映了儿童行为的改善,这些改善被认为源于父亲行为的改善，以及与目标行为相关的纪律上的父母共同养育或父母间一致性的改善。这些结果包括提高儿童的学习效率和家庭作业完成率，改善儿童在家里和学校的言行举止或表现，增强儿童的社会技能和群体技能。对共同养育来说，干预结果体现在一致性的提高上。

考弛兹项目已经进行系统测评（Fabiano et al.，2009，2012）。法比亚诺及其同事（Fabiano et al.，2012）指出，在实验室观察中，与控制组相比，考弛兹项目通过增加父亲的表扬和减少父亲的负面言论，取得了明显的效果。在指导组中，父亲也认为儿童的行为问题在治疗后没有那么严重。法比亚诺及其同事（Fabiano et al.，2009）报告了常规家长行为训练项目和考弛兹项目的比较结果。结果显示，考弛兹项目中父亲参与的课程较多，完成家庭作业的可能性较大，中途退出的可能性较小（他们的孩子也是如此），对指导过程更满意。而且，与传统的家长行为训练项目相比，接受指导后他们认为自己的孩子进步了。本章末尾附表9-1呈现了亲子游戏互动期间干预内容的概要。本章末尾附表9-2是一个每日报告卡片的示例，父亲用每日报告卡片来追踪自己和孩子在游戏活动中的行为。父亲会监控自己使用标记表扬的情况，而且在每次游戏休息时间都会探讨这一策略的使用。目前，考弛兹项目已被改编用于儿童早期环境的预防性教养干预。家长会得到关于该项目的信息，它如何使用，以及如何将它纳入包含家庭体育实践的日常活动中。本章末尾附表9-3提供了预防性干预中使用的教养材料示例。

巩固特殊教育环境中破坏性行为障碍儿童的治疗成果

针对破坏性行为障碍儿童的特殊教育服务的基础是个性化教育计划(individualized education plan，IEP)。个性化教育计划可以被定义为操作性的干预计划，能够个性化地满足儿童的特殊需求。然而，有研究表明，个性化教育计划的规划和实施存在程序性缺陷。个性化教育计划往往缺乏减少课堂破坏性行为的具体的、已知的循证干预，以及提高学习效率的程序。因此，许多接受特殊教育服务的破坏性行为障碍儿童可能并没有有效地接受这些服务，或者接受的服务可能与影响儿童学习、成就和社会性发展的重要目标行为没有直接联系。

一项工作将循证干预(每日报告卡片)与儿童的个性化教育计划直接联系起来，弥补特殊教育服务与循证干预之间的脱节，从而加强了针对破坏性行为障碍儿童的特殊教育服务。这项工作的目的在于，以一种将课堂行为与教师日常监控联系起来的方式来加强个性化教育计划，促进家长与教师的日常交流，并提供一种机制来监控儿童达到学业和行为目标的进展。表9-1提供了两个有破坏性行为的学生的个性化教育计划目标，以及目标如何调整为由教师每天评估的每日报告卡片目标的例子。本章末尾附表9-4是一个基于儿童个性化教育计划目标开发的每日报告卡片。图9-2呈现了用于实施此干预措施的逻辑模型。

表 9 - 1　个性化教育计划目标以及目标如何调整
为每日报告卡片目标示例

儿童 1

个性化教育计划目标	每日报告卡片目标
• 继续提高学习技能和改善工作习惯。	• 提醒次数不超过三次就会开始行动。 • 提醒次数不超过三次就会遵循指示。
• 提高基本的阅读技能。 • 提高基本的数学技能。 • 提高基本的书面语言技能。	• 以 80％的准确率完成作业。
• 培养社会可接受的行为。	• 提醒次数不超过两次就会适当地接受反馈。

儿童 2

个性化教育计划目标	每日报告卡片目标
• 始终按时完成任务。 • 交作业前自我监督和纠正所有作业的完成情况，并确保准确性。	• 以 80％的准确率完成作业。
• 在一天中所有结构化的和非结构化的时间段消除攻击/虐待行为。 • 面对冲突情况时，使用有效的应对策略。 • 减少课堂上的情绪爆发。	• 在没有提醒的情况下，保持手和脚安分。 • 没有针对成年人的辱骂行为。

　　一项研究随机分配 63 名有破坏性行为的儿童，让他们像往常一样表现或接受某种干预。在干预中一名顾问与教师协作，将个

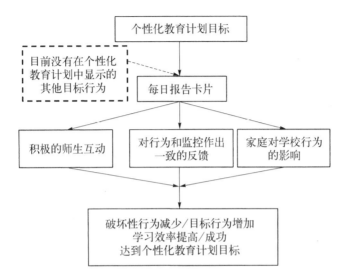

图 9 - 2 干预方法逻辑模型

注：旨在运用每日报告卡片帮助教师评估和强化每日个性化教育计划目标

性化教育计划目标转变成每日报告卡片目标,如果卡片反映儿童
达到每日目标,家长则提供奖励。研究结果表明,每日报告卡片是
一种切实可行的、接受度高的干预措施。在被随机分配到干预组
的参与者中,每日报告卡片的所有参与者都完成了这项研究。对
干预完整性的分析显示,在整个学年,教师对每日报告卡片的平均
完成率为 73%(中位数为 79%)(Vujnovic et al.,2014)。这意味
着,每日报告卡片干预可以长期维持下去。值得注意的是,所有教
师都参与研究,79%的每日报告卡片是由这些教师完成的,这表明
在整个学年,教师平均完成了大约五分之四的每日报告卡片

（Vujnovic et al.，2014）。在研究中，干预组的家长被要求每天审查每日报告卡片并在上面签字，然后将签好字的卡片退还给教师。64％的每日报告卡片有家长的签字（中位数为 90％）（Vujnovic et al.，2014）。研究者指出，中位数表明几乎所有家长返还了签好字的每日报告卡片。家长还被要求指出提供的所有奖励，平均56％的已返还的每日报告卡片获得奖励（中位数为 68％）。同样，中位数表明大部分每日报告卡片都获得奖励。

运用每日报告卡片，儿童的行为可以得到改善。上述研究的主要结果包括每日报告卡片对课堂功能的单盲法观察的积极效应、个性化教育计划目标的实现，以及课堂上学业成就和破坏性行为的教师评价。此外，在每日报告卡片干预组，有更大比例的注意缺陷多动障碍儿童在破坏性行为和损害程度上趋于正常化。这是一个重要的发现，因为特殊教育的目标之一就是尽可能让特殊儿童最终重返普通教育。本研究的另一个重要发现是，在学年结束时，相对于照常工作组的教师，每日报告卡片干预组的教师更有可能对个性化教育计划目标进行评分，这些评分与对学生行为的单盲法观察结果一致。

参与者也认为，每日报告卡片干预是可以接受的。参与每日报告卡片干预的教师报告，干预结束后儿童的行为明显改善。家长和教师都注意到，与对照组相比，每日报告卡片干预组的干预需求要大得多，这是意料之中的。但两组参与者对结果的满意度没有差异，支持每日报告卡片可加强特殊教育服务。一般教育工作者和特殊教育工作者都可以轻车熟路地采用本项目使用的方法，从而在特殊教育中潜移默化地改善儿童的破坏性行为。

支持儿童早期教育工作者进行有效的课堂行为管理

教师一贯认为，有效的课堂行为管理既是他们最关注的职业问题之一，也是他们最需要支持和培训的领域之一（Moore Johnson & the Project on the Next Generation of Teachers, 2004）。当考虑到学前儿童，尤其是那些有行为问题的学前儿童对课堂环境还不熟悉时，这一点尤其重要。目前，旨在改进教师课堂管理程序的方法收效甚微。许多学前项目采用一系列方案，如购买行为矫治的书籍或视频，召开全校会议介绍行为矫治方法，或邀请专家来开展关于行为矫治的讲座。然而，目前没有证据表明，这些方法对教师的行为有明显的影响。更糟的情况是，学校行为咨询是指一些专业人员通过顾问—教师会议与教师一起修改课堂管理方法，而一项有关学校行为咨询的研究表明，绝大多数教师甚至没有尝试过上述方案或不到一个星期就停止实施上述方案（Martens & Ardoin, 2002）。因此，迫切需要创新的方法和策略供教师学习以提升课堂管理的有效性。

学前教师需要全天管理各种各样的情境和儿童行为，几乎每一位学前教师每天都要面对具有挑战性的儿童行为。课堂管理流程可以囊括从执行标准的课堂惯例到应对严重的攻击性行为的一系列事件。早上，教师可能要应对一批迟到又饥饿的儿童，一个上厕所还存在问题的儿童,一个因为事情没有按照自己的方式发展而发脾气的儿童,还需要与教室里的其他成年人协调小组活动,以及调解两个儿童因一个珍贵玩具而发生的冲突。不难想象,在早期环境中,课堂管理是多么困难！由于需要指导学前教师进行有效的课堂行为管理,因此本研究比较了目前学前教师实施行为管理策略的方法:为期一天的主题讲座和更深入的干预。具体而言,是将为期一天的有效的积极行为支持暑期研讨会,与为期一天的暑期研讨会及随后为期四天的学前儿童课堂强化体验学习进行比较。所有教师在整个学年都有机会接触行为咨询师,以支持自己在课堂上实施行为管理策略(详情参见 Fabiano et al., 2013)。

在强化训练条件下,教师被分配到由三名工作人员组成的小组(反映幼儿园典型的人员配置模式)。小组全天轮流参与:(1)领导课堂活动;(2)系统观察课堂活动;(3)根据观察,就研讨会中涉及的有效行为支持技能的使用情况向其他小组给予结构化反馈;(4)为课堂活动作好准备。一周内,教师有机会在不同的课堂情境中实践行为管理策略,以促进行为管理策略的泛化使用。

每个班级都由一名培训师领导,他负责监督课堂活动并促进反馈。在四个体验学习日,培训师都强调与积极行为支持相关的特定技能。这些技能是在为期一天的研讨会上介绍的,同时每天早晨都进行简要回顾。每天强调的技能是:(1)注意儿童的良好表现或使用积极关注和有标记的表扬(例如,"我喜欢你分享积木的方式");(2)使用有效的指令(例如,"该打扫卫生了""请把拼图放在架子上")；(3) 有计划地忽略细小的问题行为(例如，忽视儿童的坐立不安)；(4) 运用"如果……就……"的语句来实施奖励(例如，"如果你把这些玩具收起来，你就可以玩沙盘了")。一旦介绍了某个主题，教师就要对其进行审查，而且被指示一有机会就要在儿童面前使用这些策略。除了练习日常技能，教师还被要求使用与前期行为控制一致的策略，包括按照日程开展活动，在活动前回顾课堂规则(例如，"在教室内要放低音量""好好走路不要奔跑""尊重朋友和成年人")，并确保预留足够的时间过渡。教师被告知要对发生的违规行为提供纠正式反馈，就像他们在课堂上所做的那样。

当教师没有领导活动，而是处在一个观察者的位置时，他们会有一张索引卡，上面有一份课堂常规检查清单和教师使用的其他积极行为支持策略的记录(类似于前面描述的考驰兹项目中要求父亲在游戏期间做的事情)。每次教学实践结束后，领导活动的教师和观察者及培训协调员会面，回顾教学经验的成果，同时领导活动的教师和观察者都接受关于教学团队技能使用的反馈会议的指导。在这个短暂的会议期间，协调员：(1) 要求每个观察者提供一个团队使用积极行为支持策略的具体实例；(2) 要求参与领导活动的教师团队反思他们可能错过的使用积极行为支持策略的机会，并思考接下来要怎么做；(3) 提供一份小组讨论概要。

培训结束后，观察者于下一学年的十月、二月和五月进入每位教师的课堂。观察者不知道这位教师所在的培训小组，他们对这位教师的行为管理策略的使用情况进行评分，并统计在课堂中出现了多少表扬语句和指令。结果表明，基于对有效行为管理和教学模式的观察，强化训练条件下的教师表现出短时间的改善，效果随时间的推移而减弱。基于对教师使用表扬方法的评估，强化训练组在整个学年相对于研讨会组有更大的改善。教师有效利用课堂时间的指令率和观察情况（例如，学生的休息状况）在两组之间没有差异。图9-3提供了两个培训组在一段时间内使用表扬的情况。图9-3显示，强化训练的一个影响就是在整个学年改善了表扬的使用情况。的确，在强化训练中，新学年开始时教师对学生

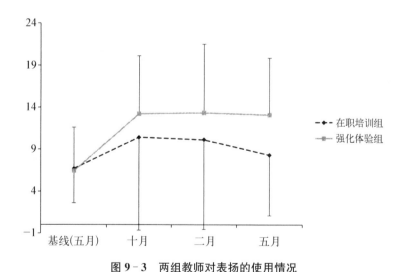

图9-3　两组教师对表扬的使用情况

注：其中一组只参加一天的在职培训，而另一组不仅参加一天的在职培训，而且参加四天的强化体验学习和行为管理技能实践（参见 Fabiano et al., 2013）。

使用了更多表扬,并保持到年末。人们可以推测,在接受强化训练的教师的课堂中,儿童的学习环境更加积极,这也许就是为什么这些教师在对儿童的行为管理和教学观察方面评分更高。

本章小结

这三种促进破坏性行为障碍儿童行为改善的方法提供了如何在真实的教育环境中运用第四、第五和第六章回顾的策略的例子。我们鼓励那些面对难以管理的行为、顽固不化的群体或其他临床障碍困境的教育工作者,不要将这些情况视为管理破坏性行为的"绊脚石",而应将其视为创新和扩展有效治疗方法的机会。希望新一代研究者的干预发展和评估研究能够超越学校和家庭干预的效果,转向泛化和实施方法的实证研究,以扩大积极成果的覆盖面,增强持续性和可泛化性。

附表 9－1　考弛兹项目游戏步骤表

阶段 2：关注和奖励

在这个阶段，父亲了解到关注的强化价值，以及如何利用表扬来让儿童的注意力得到回报。

游戏前：在此项目的技能训练部分，临床医生向父亲反馈儿童在每日报告卡片上的表现。

然后，助理人员把每日报告卡片交给父亲并告知儿童，父亲现在准备告诉他足球赛的目标。

父亲应该训练对儿童的关注。临床医生告诉父亲要自我监控并记录对儿童的所有关注。

第 1 节：讨论关注的类型（例如，表扬、指导、对违反规则的反馈、批评）。本节的任务是只用表扬/指导来引起注意。如果儿童表现出违反规则的行为，那么父亲必须想办法表扬儿童相反的行为。例如，一个不注意游戏情况的儿童应该被忽略。一旦这个儿童参加游戏，父亲就应该关注这一点，并表扬儿童重新回到游戏中，等等。

第 2 节：与父亲讨论他如何成功地完成第 1 节的任务。在第 2 节，父亲应该再次练习第 1 节的任务。

第 3 节：与父亲讨论他如何成功地完成第 2 节的任务。第 3 节的任务是以 2∶1 或更高的比例提供积极反馈和消极反馈。

第 4 节：与父亲讨论他如何成功地完成第 3 节的任务。让父亲以 3∶1 或更高的比例提供积极反馈和消极反馈（如果父亲在第 3 节没有以 2∶1 或更高的比例提供积极反馈和消极反馈，则重复第 3 节的任务）。

游戏后：与父亲简短会面，并提醒他在每日报告卡片的反馈期间随机使用关注和表扬（例如，关注并热情表扬达到目标，简单关注未达到目标并保持中立态度）。召集父亲和儿童，让他们回顾每日报告卡片。

附表 9-2　考弛兹项目每日报告卡片

	技　　能		游　　戏	
违反规则不超过两次	是	否	是	否
没有暂停	是	否	是	否

四分之三的回答为"是"的儿童可以得到一杯冷饮,游戏结束后还可以参加有趣的活动!

活动规则(同一类别的两次违规行为导致两分钟的替补): 尊重他人 服从成年人 待在指定区域 适当使用材料和物品 做个有风度的人	五分钟暂停的原因: 故意侵犯 故意破坏财产 多次不服从

	第1节	第2节	第3节	第4节
标记表扬				

来源:格雷戈里·A. 法比亚诺(Gregory A. Fabiano)的《破坏性行为的干预:减少问题行为与塑造适应技能》(*Interventions for Disruptive Behaviors: Reducing Problems and Building Skills*)(The Guilford Press, 2016)。购买本书者,可复印本表供个人使用或与个别学生一起使用。

附表 9-3　旨在促进父亲参与儿童早期教育的
　　　　预防性教养干预家长手册

你是孩子的教练。以下是今天足球活动期间要做的事情：

- 关注你的孩子。
- 捕捉孩子正在进步的方面。
- 表扬你希望出现更多次数的行为。
- 标记你表扬的行为。
- 给予大量称赞——它们是免费的。
- 避免批评或者说教。

足球训练——新技能

传球和控球
和你的孩子一起练习来回踢球。
教你的孩子通过将脚内侧向外转来控球。
教你的孩子用脚使出力气和通过脚内侧控球。

指导
你的孩子正在学习一项新技能——频繁地表扬你的孩子。
标记表扬——告诉孩子你喜欢的行为。
表扬你喜欢的其他行为！

指导我们行为失控的孩子：
提高基本技能
"考弛兹"足球联盟

来源：格雷戈里·A. 法比亚诺(Gregory A. Fabiano)的《破坏性行为的干预：减少问题行为与塑造适应技能》(Interventions for Disruptive Behaviors: Reducing Problems and Building Skills)(The Guilford Press，2016)。购买本书者，可复印本表供个人使用或与个别学生一起使用。

旨在促进父亲参与儿童早期教育的
预防性教养干预家长手册(续)

欢迎来到"考弛兹"足球联盟!

"考弛兹"是一个足球联盟,帮助孩子和家庭成员一起度过积极时光,培养技能,玩得开心!

在接下来的六周里,你的孩子将学习足球技能,在以足球为主题的游戏中获得乐趣,你将学习如何指导孩子进行这项运动。

每周,你和孩子将学习一项新技能,以便在学校或家中练习。

你的孩子将收到一个足球以便和你在家中练习。

家长都是教练

第一节课程:
1. 介绍
2. 运球热身活动
3. 群体游戏:红绿灯
4. 足球比赛
5. 讨论怎样踢得更好
6. 全队活动

本周的指导策略是表扬你希望孩子呈现更多次数的行为。

思考如何措辞更有利于促使孩子进步。

当你表扬良好的行为时,你真正向孩子传达的是什么?

节数	表扬陈述
1	
2	
3	
4	

附表 9-4　用于个性化教育计划目标的每日报告卡片

目　　标	科目/次数			
	英语/语言艺术	科学	社会学习	数学
目标 1：	是　否	是　否	是　否	是　否
目标 2：	是　否	是　否	是　否	是　否
目标 3：	是　否	是　否	是　否	是　否
目标 4：	是　否	是　否	是　否	是　否
其他：	是　否	是　否	是　否	是　否

"是"的数量_____ "否"的数量_____ "是"的比例_____

评价：_____

_____

_____

_____

_____

_____

_____

_____

_____

_____

_____

_____

_____

_____

————————————

第十章

在多层预防和干预模型下实施行为管理策略

读者可能已经发现,本书提供的许多研究文献是几十年前的(如 Barrish et al.,1969;Greene et al.,1981;Patterson,1975a)。有一点很重要:关于如何在学校、家庭和社区中解决和改善破坏性行为的技术和知识实际上已经存在很长时间。这就提出了一个问题:为什么破坏性行为会继续在这些环境中造成困扰,并导致儿童或青少年自身和家庭功能受损?一个显而易见的答案是,破坏性行为通常会让他人感到不适,并迫使他人对结果进行控制,而这些结果控制手段通常是惩罚性质的。正如本书所强调的,学校专业人员和家长应该优先考虑前因控制来防止问题行为出现。实现这一目标的一种方法是,采用主动的、学校范围的行为管理计划。它们通常被概念化为分层行为管理计划,如积极行为干预和支持(Sugai et al.,1999)或者响应性干预(Fletcher,Lyon,Fuchs,& Barnes,2007)。

对积极行为干预和支持或者响应性干预的一个误解是,通常认为只有积极行为干预和支持或响应性干预这种干预方式。事实上，这两者都不是单一的干预方式，而是干预框架，它们考虑干预出现的情境，分析干预的完整性和保真度，持续评估干预进度，并确保实施干预的个体基于当前的监控系统和学生的进展有意识、有策略地调整和维持干预措施。因此，考虑到需要在学校范围内减少破坏性行为，学校管理者应该意识到他们正在制定一个多元的、持续多年的和囊括多人的干预计划（见 Owens et al.，2008；Pelham，Massetti et al.，2005）。的确，他们需要在每层框架中使用适当的干预措施，并确保整个组织从开始到结束都致力于实施这些干预措施。鉴于破坏性行为障碍儿童或青少年经历的严重损害，任何目标的缺失都有可能在一段时间内影响干预效果。

有效实施多层干预框架的一个阻碍是，让学校所有人员达成共识并积极实施新的干预措施是非常困难的。此外，新的干预措施可能被看作另一种行政要求，或人们认为这些要求很快又会被其他要求取代。阿特金斯及其同事（Atkins et al.，2008）报告了一种创新的方法来传播破坏性行为的治疗信息，同时描述了一种有效促进理解和实施的方法。该项目在芝加哥公立学校实施，这是一个大型城区，有许多不同的需求和目标，因而实施新的干预措施可能非常困难。在这个研究中，所有学校都配备了心理健康咨询师，他们协助教师运用行为矫治策略帮助患注意缺陷多动障碍的儿童。在随机选择的学校里，咨询师和关键意见领袖（key opinion leaders，KOLs）合作。关键意见领袖由教师提名，选出他们最经常询问意见或作为榜样的一名教师。在这些随机选择的学校里,关键意见领袖和咨询师一起实施有效的干预措施,并且将咨询师的意见传达给其他教师。结果表明,在有关键意见领袖的学校,教师更多地实施了有效的行为干预。而且,其他分析表明,与咨询师的贡献相比,关键意见领袖在实施干预的过程中起到更为重要的作用[与马滕斯和阿多因 2002 年的文章(Martens & Ardoin,2002)一致,该文章审查了学校行为咨询的适度影响]。这项研究的创新之处在于,它揭示了学校内部的资源其实没有被充分利用,或根本没有被利用,同时管理人员在实施新的行为策略时需要仔细考虑如何通过关键意见领袖来提升干预效果,而不是通过传统的、效果有限的方法(如教职工大会或在职培训)。

还有什么其他的方法可以将有效的行为管理策略应用于破坏性行为障碍儿童呢?管理人员或学校心理学家在进行学校范围的干预时,首先应该通过问卷调查学校当前使用的措施和策略。完成这项调查的一种方法是组建一个多学科团队,由学校所有要素的代表组成,涉及不同年级、特殊课程、设施和场地、交通、管理人员,以及其他任何可能影响有效的行为管理实施的要素。接着,团队调查当前学校使用的管理方法,其中许多方法适合全校行为管理框架,其他一些方法稍作调整后也适合(如学校—家庭叙事笔记转变为带有家庭奖励的每日报告卡片)。本章末尾附表 10-1 提供了启动这一过程的大纲。

通过使用附表 10-1 的大纲,管理人员可以将现有的干预措施补充到不同的层次上。例如，基础策略（第一层）可能包括学校范围的行为准则，发放给在走廊、餐厅和校车站遵守规则的儿童的"良好行为币"，用于管理和指导班级行为的同伴辅导和其他策略，全校监督系统——如果儿童有三份家庭作业没交，就会受到留校的惩罚。第二层可能包括学业干预和支持团体，教授适当社会技能的"午餐小组"同伴团体，以及每日报告卡片。第三层包括出现在课堂上的准专业援助。在学校范围内的行为支持团体进行自我评估之后，所有干预方法的证据基础和有效性也应该得到评估。例如，从干预清单中删除"午餐小组"，以支持同伴调解员在餐厅巡逻（第五章）。深入分析可能会发现，尽管教师经常给学生发放"良好行为币"，但是并没有相应的实际奖励（也许团队中有人回忆最初是有实际奖励的，但随着时间的推移情况发生了变化）。校长也可以借此机会回顾整个学校的规则，并针对近期走廊上的不良行为制定规范。总之，这是一个整理清单、进行需求分析，并根据需要调整干预措施的好机会。

　　学校专业人员需要注意的另一个问题是干预的持续性。很多时候，学校的某个专业人员是某个行为支持项目的捍卫者，而这个项目的成败也基于他。我们在餐厅实施行为干预以减少破坏性行为时，因为持续性的问题得到教训（Fabiano et al., 2008）。干预措施包含奖惩系统，覆盖的儿童从幼儿园到小学五年级，在班级内随机检查，儿童将为自己的适当行为赢得奖励券，如果儿童在餐厅违反规则（如乱跑、大喊大叫）将失去奖励券。这个项目由大学生开展,他们通过实施和监控这个项目获得课程学分。人们都说这个项目是成功的,因为它显著减少了餐厅内的破坏性行为,而这种行为是实施干预前学校存在的最大问题。因此,考虑到项目的成功,不难想象,当我们一年之后回到学校看到一位午餐监控人员用扩音器冲着儿童喊叫让他们坐下时,我们有多么惊讶!我们的干预并不是可持续的,因为它不涉及学校内部的支持。从那时起,我们只开展对当前在校人员来说可行且适宜的干预项目,同时避免增加其他人员来人为地促进适当行为,即便学校要求这样做。这个例子对学校管理者来说是一个警示,他们应该采取长期措施,而不是寻找快速解决方案,因为破坏性行为管理可能是一个持续的问题,需要持续关注。

最近,有关实施和传播干预措施的问题受到更多关注。关于这些问题的一个很好的网站是 http://sisep.fpg.unc.edu,它包含许多促进有效实施策略的资源(参见第三章有关整体性和保真度的讨论)。学校范围的行为框架一旦确立,我们就需要实时监控它的整体性和保真度,因为即便是最好的计划也可能会偏离最初的目标,或者存在失误,削弱了整体计划的有效性。即便是最坚定且训练有素的实施者也可能会随着行为管理策略的实施而发生偏离,新的情境(如学校转入一名有课堂破坏性行为的学生)可能需要实施者和监督者更多的关注来解决相应问题。正在执行的整体性和保真度监控可以使这种做法制度化,使它成为可期待和可预测的学校计划的一部分,在组织内部灌输问责文化,这将有助于维持相关项目。

我们还要注意确保学校层面干预框架的发展匹配性。在幼儿园、小学、初中和高中，干预框架有一定的共通性。例如，每日报告卡片和/或行为契约的一些变式可以在不同发展阶段使用。一些策略如暂停，可能在不同发展阶段有完全不同的作用。相比于高年级，奖励和反馈可能在低年级使用得更频繁。家长的参与可能会对高年级学生产生更大的影响。高年级学生存在的一个困难是，初高中教师可能会把教课作为首要任务，因为他们每天要面对120名或更多学生。这与小学教师不同，他们通常在一学期面对相同的学生。这可能会使个性化的行为干预更难在初高中实施，尽管并非完全不可能。同时，针对初高中学生也有效果良好的干预例子，如挑战地平线项目（Evans et al.，2007）可以改善高年级学生的行为结果。

案例

为了诠释本书一直提倡的功能性干预方法，让我们回到第二章和第三章描述的儿童。① 儿童表现出较严重的问题行为，同时与家长、同伴、教师和学校其他人员之间存在较频繁的消极互动。在将这样的儿童转介到学校行为支持团队之后，应该使用问题解决框架来实施干预。

---

　① 第二章描述的儿童为第 26～28 页描述的典型破坏性行为障碍儿童，第三章描述的儿童为表 3-2 中描述的儿童。——译者注

问题解决框架的第一步是开展评估以确定基础策略是否到位，并明确儿童的问题和破坏性行为的功能，以及其他需要改善的技能缺陷。在本书第一章详细描述的典型破坏性行为障碍儿童的案例中，对课堂环境的评估可能会发现更多的表扬和更少的纠正式反馈，这是因为需要调整教师使用的基础策略。课堂中的奖励和庆祝也可能被强调（通过班级范围内的行为管理方法，如良好行为游戏）。从儿童功能性行为评估的角度来看，儿童表现出某些问题行为（如取笑同伴）是为了获取关注，而其他问题行为可能是为了回避那些需要脑力劳动的任务（如完成作业）。因此，有效干预需要包括使儿童获取关注的机会，并防止他们通过问题行为回避不喜欢的任务。

在这种情况下，每日报告卡片是一种组织和启动干预的有效方法。除了为干预提供关键要素，它还可以作为进度监控的工具。干预目标可能包括通过关注维持行为（如取笑行为不超过两次）和通过回避维持行为（如在规定时间内完成数学作业，在早晨广播之前完成所有准备工作）。在家中和学校达到目标而获得的奖励可以为儿童提供另一种结果，它将有利于接下来达到每日报告卡片目标。学校心理学家或咨询师也可以通过与儿童家长交流，来帮助在家中设立相似的干预目标。例如，如果儿童想回避完成作业从而导致下午做作业存在很大困难，那么学校心理学家或咨询师可以教授家长使用"如果……就……"的策略组织做作业（例如"如果你完成作业，你就可以出去玩"）。

实施每日报告卡片、基础策略和教养支持程序后，如果儿童仍然出现问题行为，那么可能需要其他干预，包括放学后的干预或暑期治疗项目，以便在学业和同伴关系领域培养技能，或者需要组织化的干预，如家庭作业、组织和计划技能项目，以提升学业技能。这些更加密集的干预项目可用于帮助儿童培养继续在学校取得进步所需的技能。尽管在应用实践中可能需要调整和支持，但本书第一章详细描述的典型破坏性行为障碍儿童的案例提供了获得积极结果所需的关键要素的大纲。

结语

本书概述了一系列可用于帮助有破坏性行为的儿童和青少年的策略。考虑到破坏性行为的积累会导致严重的负面结果，因此很重要的一点是，教育工作者、儿童家长，以及其他可能涉及的专业人员（如学校心理学家、学校管理者、临床医生、儿科医生）应该团结一致，确保每个儿童都有公平的机会学习和获得成功，并最终为社会作贡献。好消息是，许多干预措施已显示出其有效性，如果持续实施，应该有助于支持那些最需要帮助的儿童和青少年。

附表 10 - 1　组织全校行为管理计划大纲

第一层：基础策略
第二层：目标策略
第三层：个体化策略

参考文献

Abikoff, H. B. (1991). Cognitive training in ADHD children: Less to it than meets the eye. *Journal of Learning Disabilities*, *24*, 205–209.

Amato, P. R., & Rivera, F. (1999). Paternal involvement and children's behavior problems. *Journal of Marriage and the Family*, *61*, 375–384.

American Academy of Child and Adolescent Psychiatry. (1997). Practice parameters for the assessment and treatment of children, adolescents, and adults with attention-deficit/hyperactivity disorder. *Journal of the American Academy of Child and Adolescent Psychiatry*, *36* (Suppl.), 85S–121S.

American Academy of Child and Adolescent Psychiatry. (2007). Practice parameters for the assessment and treatment of children and adolescents with attention-deficit/hyperactivity disorder. *Journal of the American Academy of Child and Adolescent Psychiatry*, *46*, 894–921.

American Academy of Pediatrics. (2011). ADHD: Clinical practice guideline for the diagnosis, evaluation, and treatment of attention-deficit/hyperactivity disorder in children and adolescents. *Pediatrics*, *128*, 1–9.

American Psychiatric Association. (2013). *Diagnostic and statistical manual of mental disorders* (5th ed.). Arlington, VA: Author.

American Psychological Association Working Group on Psychoactive Medications for Children and Adolescents. (2006). *Report of the Working Group on Psychoactive Medications for Children and Adolescents.*

Psychopharmacological, psychosocial, and combined interventions for childhood disorders: Evidence base, contextual factors, and future directions. Washington, DC: American Psychological Association.

Anastopoulos, A. D., Shelton, T. L., DuPaul, G. J., & Guevremont, D. C. (1993). Parent training for attention-deficit hyperactivity disorder: Its impact on parent functioning. *Journal of Abnormal Child Psychology, 21*, 581-596.

Angold, A., Costello, E. J., Farmer, E. M. Z., Burns, B. J., & Erkanli, A. (1999). Impaired but undiagnosed. *Journal of the American Academy of Child and Adolescent Psychiatry, 38*, 129-137.

Atkins, M. S., Frazier, S. L., Leathers, S. J., Graczyk, P. A., Talbott, E., Jakobsons, L., et al. (2008). Teacher key opinion leaders and mental health consultation in low-income urban schools. *Journal of Consulting and Clinical Psychology, 76*, 905-908.

Atkins, M. S., Pelham, W. E., & Licht, M. H. (1985). A comparison of objective classroom measures and teacher ratings of attention deficit disorder. *Journal of Abnormal Child Psychology, 13*, 155-167.

August, G. J., Realmuto, G. M., Hektner, J. M., & Bloomquist, M. L. (2001). An integrated components preventive intervention for aggressive elementary school children: The Early Risers program. *Journal of Consulting and Clinical Psychology, 69*, 614-626.

Barkin, S., Scheindlin, B., Ip, E. H., Richardson, I., & Finch, S. (2007). Determinants of parental discipline practices: A national sample from primary care practices. *Clinical Pediatrics, 46*, 64-69.

Barkley, R. A. (2013). *Defiant children: A clinician's manual for assessment and parent training* (3rd ed.). New York: Guilford Press.

Barkley, R. A. (2015). *Attention-deficit hyperactivity disorder: A handbook for diagnosis and treatment* (4th ed.). New York: Guilford Press.

Barkley, R. A., Edwards, G., Laneri, M., Fletcher, K., & Metevia, L. (2001). The efficacy of problem-solving communication training alone, behavior management training alone, and their combination for parent-adolescent conflict in teenagers with ADHD and ODD. *Journal of Consulting and Clinical Psychology*, *69*, 926 – 941.

Barkley, R. A., Guevremont, D. C., Anastopoulous, A. D., & Fletcher, K. E. (1992). A comparison of three family therapy programs for treating family conflicts in adolescents with attention deficit hyperactivity disorder. *Journal of Consulting and Clinical Psychology*, *60*, 450 – 462.

Barkley, R. A., Shelton, T. L., Crosswait, C., Moorehouse, M., Fletcher, K., Barrett, S., et al. (2000). Multi-method psycho-educational intervention for preschool children with disruptive behavior: Preliminary results at post-treatment. *Journal of Child Psychology and Psychiatry and Allied Disciplines*, *41*, 319 – 332.

Barrish, H. H., Saunders, M., & Wolf, M. M. (1969). Good Behavior Game: Effects of individual contingencies for group consequences on disruptive behavior in a classroom. *Journal of Applied Behavior Analysis*, *2*, 119 – 124.

Bor, W., Sanders, M. R., & Markie-Dadds, C. (2002). The effects of the Triple P-Positive Parenting Program on preschool children with co-occurring disruptive behavior and attentional/hyperactive difficulties. *Journal of Abnormal Child Psychology*, *30*, 571 – 587.

Bradley, C. (1937). The behavior of children receiving benzedrine. *American Journal of Psychiatry*, *94*, 577 – 585.

Brestan, E. V., & Eyberg, S. M. (1998). Effective psychosocial treatments of conduct disordered children and adolescents: 29 years, 82 studies, and 5,272 kids. *Journal of Clinical Child Psychology*, *27*, 180 – 189.

Briesch, A. M., & Chafouleas, S. M. (2009). Review and analysis of literature on self-management interventions to promote appropriate classroom behaviors. *School Psychology Quarterly*, *24*, 106 – 118.

Brophy, J. E., & Good, T. (1986). Teacher behavior and student achievement. In M. C. Wittrock (Ed.), *Handbook of research in teaching* (3rd ed., pp. 328 – 375). New York: Macmillan.

Bussing, R., & Gary, F. A. (2001). Practice guidelines and parental ADHD treatment evaluations: Friends or foes? *Harvard Review of Psychiatry*, *9*, 223 – 233.

Byrd, A. L., Loeber, R., & Pardini, D. A. (2014). Antisocial behavior, psychopathic features, and abnormalities in reward and punishment processing in youth. *Clinical Child and Family Psychology Review*, *17*, 125 – 156.

Chacko, A., Bedard, A. C., Marks, D. J., Feirsen, N., Uderman, J. Z., Chimiklis, A., et al. (2014). A randomized clinical trial of Cogmed Working Memory Training in school-age children with ADHD: A replication in a diverse sample using a control condition. *Journal of Child Psychology and Psychiatry*, *55*, 247 – 255.

Chafouleas, S. M., Kilgus, S. P., Jaffery, R., Riley-Tillman, T. C., Welsh, M. E., & Christ, T. J. (2013). Direct Behavior Rating as a school-based behavior screener for elementary and middle grades. *Journal of School Psychology*, *51*, 367 – 385.

Chai, G., Governale, L., McMahon, A. W., Trinidad, J. P., Staffa, J., & Murphy, D. (2012). Trends in outpatient prescription drug utilization in US children, 2002 – 2010. *Pediatrics*, *130*, 23 – 31.

Charach, A., Carson, P., Fox, S., Ali, M. U., Beckett, J., & Lim, C. G. (2013). Interventions for preschool children at high risk for ADHD: A comparative effectiveness review. *Pediatrics*, *131*, 1 – 21.

Child Trends. (2002). *Charting parenthood: A statistical portrait of fathers and mothers in America*. Washington, DC: Author.

Chronis, A. M., Gamble, S. A., Roberts, J. E., & Pelham, W. E. (2006). Cognitive-behavioral depression treatment for mothers of children with attention-deficit/hyperactivity disorder. *Behavior Therapy*, *37*, 143 – 158.

Collett, B. R., Ohan, J. L., & Myers, K. M. (2003a). Ten-year review of rating scales: V. Scales assessing attention-deficit/hyperactivity disorder. *Journal of the American Academy of Child and Adolescent Psychiatry*,

42, 1015 - 1037.

Collett, B. R., Ohan, J. L., & Myers, K. M. (2003b). Ten-year review of rating scales: VI. Scales assessing disruptive behavior disorders. *Journal of the American Academy of Child and Adolescent Psychiatry*, *42*, 1143 - 1170.

Conduct Problems Research Prevention Group. (1999). Initial impact of the Fast Track prevention trial for conduct problems: II. Classroom effects. *Journal of Consulting and Clinical Psychology*, *67*, 648 - 657.

Conners, C. K. (2002). Forty years of methylphenidate treatment in attention-deficit/hyperactivity disorder. *Journal of Attention Disorders*, *6* (Suppl. 1), S17 - S30.

Corcoran, J., & Dattalo, P. (2006). Parent involvement in treatment for ADHD: A meta-analysis of the published studies. *Research on Social Work Practice*, *16*, 561 - 570.

Craig, W., & Pepler, D. (1997). Observations of bullying and victimization on the playground. *Canadian Journal of School Psychology*, *2*, 41 - 60.

Crone, D. A., Hawken, L. S., & Horner, R. H. (2015). *Building positive behavior support systems in schools: Functional behavioral assessment* (2nd ed.). New York: Guilford Press.

Crone, D. A., & Horner, R. H. (2003). *Building positive behavior support systems in schools: Functional behavioral assessment*. New York: Guilford Press.

Cunningham, C. E., Bremner, R., & Boyle, M. (1995). Large group community-based parenting programs for families of preschoolers at risk for disruptive behaviour disorders: Utilization, cost-effectiveness, and outcome. *Journal of Child Psychology and Psychiatry and Allied Disciplines*, *36*, 1141 - 1159.

Cunningham, C. E., Bremner, R., & Secord, M. (1998). *The community parent education (COPE) program: A school based family systems oriented course for parents of children with disruptive behavior disorders*. Unpublished manual.

Cunningham, C. E., Cunningham, L., Martorelli, V., Tran, A., Young, J., & Zacharias, R. (1998). The effects of primary division, student-mediated conflict resolution programs on playground aggression. *Journal of Child Psychology and Psychiatry*, *39*, 653 - 662.

Dishion, T. J.; Nelson, S. E., & Bullock, B. M. (2004). Premature adolescent autonomy: Parent disengagement and deviant peer process in the amplification of problem behavior. *Journal of Adolescence*, *27*, 515 - 530.

Dishion, T. J., Nelson, S. E., & Kavanagh, K. (2003). The Family Check-Up with high-risk young adolescents: Preventing early-onset substance use by parent monitoring. *Behavior Therapy*, *34*, 553 - 572.

Dopfner, M., Breuer, D., Schurmann, S., Metternich, T. W., Rademacher, C., & Lehmkuhl, G. (2004). Effectiveness of an adaptive multimodal treatment in children with attention-deficit hyperactivity disorder—global outcome. *European Child and Adolescent Psychiatry*, *13* (Suppl. 1), 117 - 129.

DuPaul, G. J., & Eckert, T. L. (1997). The effects of school-based interventions for attention deficit/hyperactivity disorder: A meta-analysis. *School Psychology Review*, *26*, 5 - 27.

DuPaul, G. J., & Stoner, G. (2004). *ADHD in the schools: Assessment and intervention strategies*. New York: Guilford Press.

Eisenstadt, T. E., Eyberg, S. M., McNeil, C. B., Newcomb, K., & Funderburk, B. (1993). Parent-child interaction therapy with behavior problem children: Relative effectiveness of two stages and overall treatment outcome. *Journal of Clinical Child Psychology*, *22*, 42 - 51.

Elder, T. E. (2010). The importance of relative standards in ADHD diagnoses: Evidence based on exact birth dates. *Journal of Health Economics*, *29*, 641 - 656.

Embry, D. D. (2002). The Good Behavior Game: A best practice candidate as a universal behavioral vaccine. *Clinical Child and Family Psychology Review*, *5*, 273 - 297.

Englert, C. S. (1983). Measuring special education teacher effectiveness. *Exceptional Children*, *50*, 247 - 254.

Epstein, M., Atkins, M., Cullinan, D., Kutash, K., & Weaver, R. (2008). *Reducing behavior problems in the elementary school classroom: A practice guide* (NCEE No. 2008 - 012). Washington, DC: National Center for Education Evaluation and Regional Assistance, Institute of Education Sciences, U.S. Department of Education.

Evans, S. W., Owens, J. S., & Bunford, N. (2013). Evidence-based psychosocial treatments for children and adolescents with attention-deficit/hyperactivity disorder. *Journal of Clinical Child and Adolescent Psychology*, *43*, 527 - 551.

Evans, S. W., Brady, C. E., Harrison, N., Kern, L., State, T., & Andrews, C. (2013). Measuring ADHD and ODD symptoms and impairment using high school teachers' ratings. *Journal of Clinical Child and Adolescent Psychology*, *42*, 197 - 207.

Evans, S. W., Schultz, B. K., White, L. C., Brady, C., Sibley, M. H., & Van Eck, K. (2009). A school-based organization intervention for young adolescents with attention-deficit/hyperactivity disorder. *School Mental Health*, *1*, 78 - 88.

Evans, S. W., Serpell, Z. N., Schultz, B. K., & Pastor, D. A. (2007). Cumulative benefits of secondary school-based treatment of students with ADHD. *School Psychology Review*, *36*, 256 - 273.

Evans, W. N., Morrill, M. S., & Parente, S. T. (2010). Measuring inappropriate medical diagnosis and treatment in survey data: The case of ADHD among school-age children. *Journal of Health Economics*, *29*, 657 - 673.

Eyberg, S. M., & Boggs, S. R. (1998). Parent-child interaction therapy: A psychosocial intervention for the treatment of young conduct-disordered children. In J. M. Briesmeister & C. E. Schaefer (Eds.), *Handbook of parent training: Parents as co-therapists for children's behavior problems* (pp. 61 - 97). New York: Wiley.

Eyberg, S. M., Edwards, D., Boggs, S. R., & Foote, R. (1998). Maintaining the treatment effects of parent training: The role of booster sessions and other maintenance strategies. *Clinical Psychology: Science and Practice*, *5*, 544–554.

Eyberg, S. M., & Funderburk, B. (2011). *Parent-Child Interaction Therapy Protocol*. Gainesville, FL: PCIT International.

Eyberg, S. M., Nelson, M. M., & Boggs, S. R. (2008). Evidence-based psychosocial treatments for children and adolescents with disruptive behavior. *Journal of Clinical Child and Adolescent Psychology*, *37*, 215–237.

Eyberg, S. M., & Pincus, D. (1999). *Eyberg Child Behavior Inventory/Sutter-Eyberg Student Behavior Inventory—Revised: Professional manual*. Lutz, FL: Psychological Assessment Resources.

Eyberg, S. M., & Robinson, E. A. (1982). Parent-child interaction training: Effects on family functioning. *Journal of Clinical Child Psychology*, *11*, 123–129.

Fabiano, G. A., Chacko, A., Pelham, W. E., Robb, J. A., Walker, K. S., Wienke, A. L., et al. (2009). A comparison of behavioral parent training programs for fathers of children with attention-deficit/hyperactivity disorder. *Behavior Therapy*, *40*, 190–204.

Fabiano, G. A., Chafouleas, S. M., Weist, M. D., Sumi, W. C., & Humphrey, N. (2014). Methodology considerations in school mental health research. *School Mental Health*, *6*, 68–83.

Fabiano, G. A., Hulme, K., Linke, S. M., Nelson-Tuttle, C., Pariseau, M. E., Gangloff, B., et al. (2011). The Supporting a Teen's Effective Entry to the Roadway (STEER) Program: Feasibility and preliminary support for a psychosocial intervention for teenage drivers with ADHD. *Cognitive and Behavioral Practice*, *18*, 267–280.

Fabiano, G. A., & Pelham, W. E. (2003). Improving the effectiveness of classroom interventions for attention deficit hyperactivity disorder: A case study. *Journal of Emotional and Behavioral Disorders*, *11*, 122–128.

Fabiano, G. A., Pelham, W. E., Cunningham, C. E., Yu, J., Gangloff, B., Buck, M., et al. (2012). A waitlist-controlled trial of behavioral parent training for fathers of children with attention-deficit/hyperactivity disorder. *Journal of Clinical Child and Adolescent Psychology*, *41*(3), 337 - 345.

Fabiano, G. A., Pelham, W. E., Gnagy, E. M., Burrows-MacLean, L., Coles, E. K., Chacko, A., et al. (2007). The single and combined effects of multiple intensities of behavior modification and multiple intensities of methylphenidate in a classroom setting. *School Psychology Review*, *36*, 195 - 216.

Fabiano, G. A., Pelham, W. E., Karmazin, K., Kreher, J., Panahon, C. J., & Carlson, C. (2008). Using a group contingency to reduce disruptive behavior in an elementary school cafeteria. *Behavior Modification*, *32*, 121 - 132.

Fabiano, G. A., Pelham, W. E., Majumdar, A., Evans, S. W., Manos, M., Caserta, D., et al. (2013). Elementary and middle school teacher perceptions of attention-deficit/hyperactivity disorder incidence. *Child and Youth Care Forum*, *42*, 87 - 99.

Fabiano, G. A., Pelham, W. E., Manos, M., Gnagy, E. M., Chronis, A. M., Onyango, A. N., et al. (2004). An evaluation of three time out procedures for children with attention-deficit/hyperactivity disorder. *Behavior Therapy*, *35*, 449 - 469.

Fabiano, G. A., Pelham, W. E., Waschbusch, D., Gnagy, E. M., Lahey, B. B., Chronis, A. M., et al. (2006). A practical measure of impairment: Psychometric properties of the Impairment Rating Scale in samples of children with attention-deficit/hyperactivity disorder and two school-based samples. *Journal of Clinical Child and Adolescent Psychology*, *35*, 369 - 385.

Fabiano, G. A., & Schatz, N. K. (2014). Driving interventions for youth with attention-deficit/hyperactivity disorder. In R. A. Barkley (Ed.), *Attention-deficit hyperactivity disorder: A handbook for diagnosis and treatment* (4th ed., pp. 705 - 727). New York: Guilford Press.

Fabiano, G. A., Schatz, N. K., Aloe, A. M., Chacko, A., & Chronis-Tuscano, A. M. (2015). A review of meta-analyses of psychosocial treatment for attention-deficit/hyperactivity disorder: Systematic synthesis and interpretation. *Clinical Child and Family Psychology Review*, *18*, 77 - 97.

Fabiano, G. A., Schatz, N. K., & Pelham, W. E. (2014). Summer treatment programs for youth with attention-deficit/hyperactivity disorder. *Child and Adolescent Psychiatric Clinics of North America*, *23*, 757 - 773.

Fabiano, G. A., Vujnovic, R., Pelham, W. E., Waschbusch, D. A., Massetti, G. M., Yu, J., et al. (2010). Enhancing the effectiveness of special education programming for children with ADHD using a daily report card. *School Psychology Review*, *39*, 219 - 239.

Fabiano, G. A., Vujnovic, R., Waschbusch, D. A., Yu, J., Mashtare, T., Pariseau, M. E., et al. (2013). A comparison of experiential versus lecture training for improving behavior support skills in early educators. *Early Childhood Research Quarterly*, *28*, 450 - 460.

Fletcher, J. M., Lyon, G. R., Fuchs, L. S., & Barnes, M. A. (2007). *Learning disabilities: From identification to intervention*. New York: Guilford Press.

Fontanella, C. A., Warner, L. A., Phillips, G. S., Bridge, J. A., & Campo, J. V. (2014). Trends in psychotropic polypharmacy among youths enrolled in Ohio Medicaid, 2002 - 2008. *Psychiatric Services*, *65*, 1332 - 1340.

Forehand, R., & Long, N. (2002). *Parenting the strong-willed child, revised and updated*. New York: Contemporary Books.

Forehand, R., Long, N., Brody, G. H., & Fauber, R. (1986). Home predictors of young adolescents' school behavior and academic performance. *Child Development*, *57*, 1528 - 1533.

Forehand, R., & Scarboro, M. E. (1975). An analysis of children's oppositional behavior. *Journal of Abnormal Child Psychology*, *3*, 27–31.

Forehand, R., Wells, K. C., & Sturgis, E. T. (1978). Predictors of child noncompliant behavior in the home. *Journal of Consulting and Clinical Psychology*, *46*, 179.

Forgatch, M. S., & Patterson, G. R. (2005). *Parents and adolescents living together: Family problem solving* (2nd ed.). Champaign, IL: Research Press.

Forgatch, M. S., & Patterson, G. R. (2010). Parent Management Training—Oregon Model: An intervention for antisocial behavior in children and adolescents. In J. R. Weisz & A. E. Kazdin (Eds.), *Evidence-based psychotherapies for children and adolescents* (2nd ed., pp. 159–178). New York: Guilford Press.

Fuchs, D., & Fuchs, L. S. (1997). Peer-assisted learning strategies: Making classrooms more responsive to diversity. *American Education Research Journal*, *34*, 174–206.

Goodman, A., & Goodman, R. (2009). Strengths and Difficulties Questionnaire as a dimensional measure of child mental health. *Journal of the American Academy of Child and Adolescent Psychiatry*, *48*, 400–403.

Goodman, R. (1997). The Strengths and Difficulties Questionnaire: A research note. *Journal of Child Psychology and Psychiatry*, *38*, 581–586.

Goodman, R. (2001). Psychometric properties of the Strengths and Difficulties Questionnaire (SDQ). *Journal of the American Academy of Child and Adolescent Psychiatry*, *40*, 1337–1345.

Gottman, J., Notarius, C., Gonso, J., & Markman, H. (1976). *A couple's guide to communication*. Champaign, IL: Research Press.

Greenberg, M. T., Kusché, C. A., Cook, E. T., & Quamma, J. P. (1995). Promoting emotional competence in school-aged children: The effects of the PATHS curriculum. *Development and Psychopathology*, *7*, 117–136.

Greene, B. F., Bailey, J. S., & Barber, F. (1981). An analysis and reduction of disruptive behavior on school buses. *Journal of Applied Behavior Analysis*, *14*, 177 - 192.

Gresham, F. M. (2015). *Disruptive behavior disorders: Evidence-based practice for assessment and intervention*. New York: Guilford Press.

Gresham, F. M., Reschly, D. J., & Carey, M. P. (1987). Teachers as "tests": Classification accuracy and concurrent validation in the identification of learning disabled children. *School Psychology Review*, *16*, 543 - 553.

Hanf, C. (1969, April). *A two stage program for modifying maternal controlling during the mother-child interaction*. Paper presented at the annual meeting of the Western Psychological Association, Vancouver, BC, Canada.

Hartman, R. R., Stage, S. A., & Webster-Stratton, C. (2003). A growth curve analysis of parent training outcomes: Examining the influence of child risk factors (inattention, impulsivity, and hyperactivity problems), parental and family risk factors. *Journal of Child Psychology and Psychiatry*, *44*, 388 - 398.

Helseth, S. A., Waschbusch, D. A., Gnagy, E. M., Onyango, A. N., Burrows-MacLean, L., Fabiano, G. A., et al. (2015). Effects of behavioral and pharmacological therapies on peer reinforcement of deviancy in children with ADHD-only, ADHD and conduct problems, and controls. *Journal of Consulting and Clinical Psychology*, *83*(2), 280 - 292.

Hemmeter, M. L., Fox, L., Jack, S., & Broyles, L. (2007). A program-wide model of positive behavior support in early childhood settings. *Journal of Early Interventions*, *29*, 337 - 355.

Hinshaw, S. P., Owens, E. B., Wells, K. C., Kraemer, H. C., Abikoff, H. B., Arnold, L. E., et al. (2000). Family processes and treatment outcome in the MTA: Negative/ineffective parenting practices in relation to multimodal treatment. *Journal of Abnormal Child Psychology*, *28*,

555 – 568.

Hinshaw, S. P., & Scheffler, R. M. (2014). *The ADHD explosion: Myths, medication, money, and today's push for performance*. New York: Oxford University Press.

Hoath, F. E., & Sanders, M. R. (2002). A feasibility study of enhanced group Triple P-Positive Parenting Program for parents of children with attention-deficit/hyperactivity disorder. *Behaviour Change*, *19*, 191 – 206.

Hobbs, S. A., & Forehand, R. (1977). Important parameters in the use of timeout with children: A re-examination. *Journal of Behavior Therapy and Experimental Psychiatry*, *8*, 365 – 370.

Hood, K. K., & Eyberg, S. M. (2003). Outcomes of parent-child interaction therapy: Mothers' reports of maintenance three to six years after treatment. *Journal of Clinical Child and Adolescent Psychology*, *32*, 419 – 429.

Hops, H., & Walker, H. M. (1988). *CLASS: Contingencies for Learning and Academic and Social Skills*. Seattle, WA: Educational Achievement Systems.

Hutchings, J., Martin-Forbes, P., Daley, D., & Williams, M. E. (2013). A randomized controlled trial of the impact of a teacher classroom management program on the classroom behavior of children with and without behavior problems. *Journal of School Psychology*, *51* (5), 571 – 585.

Jensen, P. S., Arnold, L. E., Swanson, J. M., Vitiello, B., Abikoff, H. B., Greenhill, L. L., et al. (2007). 3-year follow-up of the NIMH MTA study. *Journal of the American Academy of Child and Adolescent Psychiatry*, *46*, 989 – 1002.

Johnston, C., Hommersen, P., & Seipp, C. (2007). Acceptability of behavioral and pharmacological treatments for attention-deficit/hyperactivity disorder: Relations to child and parent characteristics. *Behavior Therapy*, *39*, 22 – 32.

Johnston, C., & Mah, J. W. T. (2008). Child attention-deficit/hyperactivity disorder. In J. Hunsley & E. J. Mash (Eds.), *A guide to assessments that work* (pp. 17 – 40). New York: Oxford University Press.

Kam, C. M., Greenberg, M. T., & Kusche, C. A. (2004). Sustained effects of the PATHS curriculum on the social and psychological adjustment of children in special education. *Journal of Emotional and Behavioral Disorders*, *12*, 66 – 78.

Kellam, S. G., & Anthony, J. C. (1998). Targeting early antecedents to prevent tobacco smoking: Findings from an epidemiologically based randomized field trial. *American Journal of Public Health*, *88*, 1490 – 1495.

Kellam, S. G., Ling, X., Merisca, R., Brown, C. H., & Ialongo, N. (1998). The effect of the level of aggression in the first grade classroom on the course and malleability of aggressive behavior into middle school. *Development and Psychopathology*, *10*, 165 – 185.

Kelley, M. L. (1990). *School-home notes: Promoting children's classroom success*. New York: Guilford Press.

Kilgus, S. P., Chafouleas, S. M., & Riley-Tillman, T. C. (2013). Development and initial validation of the Social and Academic Behavior Risk Screener for elementary grades. *School Psychology Quarterly*, *28*, 210 – 226.

Kilgus, S. P., Riley-Tillman, T. C., Chafouleas, S. M., Christ, T. J., & Welsh, M. E. (2014). Direct behavior rating as a school-based behavior universal screener: Replication across sites. *Journal of School Psychology*, *52*, 63 – 82.

Klein, R. G., & Abikoff, H. (1997). Behavior therapy and methylphenidate in the treatment of children with ADHD. *Journal of Attention Disorders*, *2*, 89 – 114.

Krain, A. L., Kendall, R. C., & Power, T. J. (2005). The role of treatment acceptability in the initiation of treatment for ADHD. *Journal of Attention Disorders*, *9*, 425 – 434.

Lane, K. L., Menzies, H. M., Bruhn, A. L., & Crnobori, M. (2010). *Managing challenging behaviors in schools: Research-based strategies that work*. New York: Guilford Press.

Langberg, J. M. (2011). *Homework, organization, and planning skills (HOPS) interventions: A treatment manual*. Bethesda, MD: National Association of School Psychologists.

Langberg, J. M., Epstein, J. N., Becker, S. P., Girio-Herrera, E., & Vaughn, A. J. (2012). Evaluation of the Homework, Organization, and Planning Skills (HOPS) intervention for middle school students with attention deficit hyperactivity disorder as implemented by school mental health providers. *School Psychology Review*, *41*, 342 – 364.

Larson, J., & Lochman, J. E. (2010). *Helping schoolchildren cope with anger: A cognitive behavioral intervention* (2nd ed.). New York: Guilford Press.

Lewinsohn, P. M., Antonuccio, D., Steinmetz, J., & Teri, L. (1984). *The Coping with Depression Course: A psychoeducational intervention for unipolar depression*. Eugene, OR: Castalia.

Lewis, R. (2001). Classroom discipline and student responsibility: The students' view. *Teaching and Teacher Education*, *17*, 307 – 319.

Lochman, J. E., & Wells, K. C. (2002). The Coping Power program at the middle school transition: Universal and indicated prevention effects. *Psychology of Addictive Behaviors*, *16*, S40-S54.

Lochman, J. E., & Wells, K. C. (2003). Effectiveness of the Coping Power program and of classroom intervention with aggressive children: Outcomes at a 1-year follow-up. *Behavior Therapy*, *34*, 493 – 515.

Lundahl, B., Risser, H. J., & Lovejoy, M. C. (2006). A meta-analysis of parent training: Moderators and follow-up effects. *Clinical Psychology Review*, *26*, 86 – 104.

MacDonough, T. S., & Forehand, R. (1973). Response-contingent time out: Important parameters in behavior modification with children. *Journal of Behavior Therapy and Experimental Psychiatry*, *4*, 231 – 236.

Madsen, C. H., Becker, W. C., & Thomas, D. R. (1968). Rules, praise, and ignoring: Elements of elementary classroom control. *Journal of Applied Behavior Analysis*, *1*, 139 - 150.

Maggin, D. M., Johnson, A. H., Chafouleas, S. M., Ruberto, L. M., & Berggren, M. (2012). A systematic evidence review of school-based group contingency interventions for students with challenging behavior. *Journal of School Psychology*, *50*, 625 - 654.

Mannuzza, S., & Klein, R. G. (1998). Adolescent and adult outcomes in attention-deficit/hyperactivity disorder. In H. C. Quay & A. E. Hogan (Eds.), *Handbook of disruptive behavior disorders* (pp. 279 - 294). New York: Kluwer Academic/Plenum Press.

Martens, B. K., & Ardoin, S. P. (2002). Training school psychologists in behavior support consultation. *Child and Family Behavior Therapy*, *24*, 147 - 163.

Mash, E. J., & Hunsley, J. (2008). Evidence-based assessment of child and adolescent disorders: Issues and challenges. *Journal of Clinical Child and Adolescent Psychology*, *34*, 362 - 379.

McCleary, L., & Ridley, T. (1999). Parenting adolescents with ADHD: Evaluation of a psychoeducation group. *Patient Education and Counseling*, *38*, 3 - 10.

McDonald, M. R., & Budd, K. S. (1983). "Booster shots" following didactic parent training: Effects of follow-up using graphic feedback and instructions. *Behavior Modification*, *7*, 211 - 223.

McLeod, J. D., Fettes, D. L., Jensen, P. S., Pescosolido, B. A., & Martin, J. K. (2007). Public knowledge, beliefs, and treatment preferences concerning attention-deficit/hyperactivity disorder. *Psychiatric Services*, *58*, 626 - 631.

McMahon, R. J., & Forehand, R. (2005). *Helping the noncompliant child: Family-based treatment for oppositional behavior*. New York: Guilford Press.

McMahon, R. J., & Frick, P. J. (2005). Evidence-based assessment of conduct problems in children and adolescents. *Journal of Clinical Child and Adolescent Psychology*, *34*, 477 – 505.

McNeil, C. B., Eyberg, S., Eisenstadt, T. H., Newcomb, K., & Funderburk, B. (1991). Parent-child interaction therapy with behavior problem children: Generalization of treatment effects to the school setting. *Journal of Clinical Child Psychology*, *20*, 140 – 151.

McWayne, C., Downer, J. T., Campos, R., & Harris, R. D. (2013). Father involvement during early childhood and its association with children's early learning: A meta-analysis. *Early Education and Development*, *24*, 898 – 922.

MetLife. (2005). *The MetLife survey of the American teacher: Transitions and the role of supportive relationships; A survey of teachers, principals and students*. New York: Author.

Mikami, A. Y., Griggs, M. S., Lerner, M. D., Emeh, C. C., Reuland, M. M., Jack, A., et al. (2013). A randomized trial of a classroom intervention to increase peers' social inclusion of children with attention-deficit/hyperactivity disorder. *Journal of Consulting and Clinical Psychology*, *81*, 100 – 112.

Mikami, A. Y., Lerner, M. D., Griggs, M. S., McGrath, A., & Calhoun, C. D. (2010). Parental influences on children with attention-deficit/hyperactivity disorder: II. A pilot intervention training parents as friendship coaches for their children. *Journal of Abnormal Child Psychology*, *38*(6), 737 – 749.

Miller, G. E., & Prinz, R. J. (2003). Engagement of families in treatment for childhood conduct problems. *Behavior Therapy*, *34*, 517 – 534.

Moffitt, T. E. (1993). Adolescence-limited and life-course-persistent antisocial behavior: A developmental taxonomy. *Psychological Review*, *100*, 674 – 701.

Molina, B. S. G., Hinshaw, S. P., Swanson, J. M., Arnold, L. E., Vitiello, B., Jensen, P. S., et al. (2009). MTA at 8 years: Prospective follow-up of children treated for combined type ADHD in a multisite study. *Journal of the American Academy of Child and Adolescent Psychiatry*, *48*, 484 – 500.

Moore Johnson, S., & the Project on the Next Generation of Teachers. (2004). *Finders and keepers: Helping new teachers survive and thrive in our schools*. San Francisco: Jossey-Bass.

MTA Cooperative Group. (1999). A 14-month randomized clinical trial of treatment strategies for attention-deficit/hyperactivity disorder. *Archives of General Psychiatry*, *56*, 1073 – 1086.

National Institute of Mental Health. (2014). Detailed Description of the RDoC Project. Retrieved from *www.nimh.nih.gov/research-priorities/rdoc/index.shtml*.

O'Callaghan, P. M., Reitman, D., Northup, J., Hupp, S. D. A., & Murphy, M. A. (2003). Promoting social skills generalization with ADHD-diagnosed children in a sports setting. *Behavior Therapy*, *34*, 313 – 330.

O'Leary, K. D., Pelham, W. E., Rosenbaum, A., & Price, G. H. (1976). Behavioral treatment of hyperkinetic children. *Clinical Pediatrics*, *15*, 510 – 515.

O'Leary, S. G., & Pelham, W. E. (1978). Behavior therapy and withdrawal of stimulant medication in hyperactive children. *Pediatrics*, *61*, 211 – 217.

Owens, J. S., Goldfine, M. E., Evangelista, N. M., Hoza, B., & Kaiser, N. M. (2007). A critical review of self-perceptions and the positive illusory bias in children with ADHD. *Clinical Child and Family Psychology Review*, *10*, 335 – 351.

Owens, J. S., Murphy, C. E., Richerson, L., Qirio, E. L., & Himawan, L. K. (2008). Science to practice in underserved communities: The effectiveness of school mental health programming. *Journal of Clinical Child and Adolescent Psychology*, *37*, 434 – 447.

Page, T. F., Pelham III, W. E., Fabiano, G. A., Greiner, A. R., Gnagy, E. M., Hart, K., et al. (2016). Comparative cost analysis of sequential, adaptive, behavioral, pharmacological, and combined treatments for childhood ADHD. *Adaptive Interventions in Child and Adolescent Mental Health*, 45(4), 416 - 427.

Parke, R. D., McDowell, D. J., Kim, M., Killian, C., Dennis, J., Flyr, M. L., et al. (2002). Fathers' contributions to children's peer relationships. In C. S. Tamis-LeMonda & N. Carbrera (Eds.), *Handbook of father involvement: Interdisciplinary perspectives* (pp. 141 - 167). Mahwah, NJ: Erlbaum.

Patterson, G. R. (1975a). *Families: Applications of social learning to family life*. Champaign, IL: Research Press.

Patterson, G. R. (1975b). Multiple evaluations of a parent-training program. In J. T. Thompson (Ed.), *Applications of behavior modification* (pp. 299 - 322). New York: Academic Press.

Patterson, G. R. (1982). *A social learning approach: Vol. 3. Coercive family process*. Eugene, OR: Castalia.

Patterson, G. R., & Forgatch, M. S. (2005). *Parents and adolescents living together: Part 1. The basics* (2nd ed.). Champaign, IL: Research Press.

Patterson, G. R., & Guillon, M. E. (1968). *Living with children: New methods for parents and teachers*. Champaign, IL: Research Press.

Peed, S., Roberts, M., & Forehand, R. (1977). Evaluation of the effectiveness of a standardized parent training program in altering the interaction of mothers and their noncompliant children. *Behavior Modification*, 1, 323 - 350.

Pelham, W. E. (1993). Pharmacotherapy for children with attention-deficit/hyperactivity disorder. *School Psychology Review*, 22, 199 - 227.

Pelham, W. E., Burrows-MacLean, L., Gnagy, E. M., Fabiano, G. A., Coles, E., Wymbs, B., et al. (2014). A dose-ranging study of behavioral and pharmacological treatment in social-recreational settings for children with ADHD. *Journal of Abnormal Child Psychology*, 42, 1019 - 1032.

Pelham, W. E., & Fabiano, G. A. (2008). Evidence-based psychosocial treatment for ADHD: An update. *Journal of Clinical Child and*

Adolescent Psychology, *37*, 184 – 214.

Pelham, W. E., Fabiano, G. A., & Massetti, G. M. (2005). Evidence-based assessment for attention-deficit/hyperactivity disorder in children and adolescents. *Journal of Clinical Child and Adolescent Psychology*, *34*, 449 – 476.

Pelham, W. E., Fabiano, G. A., Waxmonsky, J. G., Greiner, A. R., Gnagy, E. M., Pelham III, W. E., et al. (2016). Treatment sequencing for childhood ADHD: A multiple-randomization study of adaptive medication and behavioral interventions. *Journal of Clinical Child and Adolescent Psychology*, *45*(4), 396 – 415.

Pelham, W. E., Gnagy, E. M., Burrows-Maclean, L., Williams, A., Fabiano, G. A., Morrissey, S. M., et al. (2001). Once-a-day Concerta™ methylphenidate versus t.i.d. methylphenidate in laboratory and natural settings. *Pediatrics*, *107*(6), e105.

Pelham, W. E., Gnagy, E. M., Chronis, A. M., Burrows-MacLean, L., Fabiano, G. A., Onyango, A. N., et al. (1999). A comparison of morning, midday, and late-afternoon methylphenidate with morning and late-afternoon Adderall in children with attention-deficit/hyperactivity disorder. *Pediatrics*, *104*(6), 1300 – 1311.

Pelham, W. E., Gnagy, E. M., Greenslade, K. E., & Milich, R. (1992). Teacher ratings of DSM-III-R symptoms for the disruptive behavior disorders. *Journal of the American Academy of Child and Adolescent Psychiatry*, *31*, 210 – 218.

Pelham, W. E., Greiner, A. R., & Gnagy, E. M. (1998). *The Children's Summer Treatment Program manual*. Unpublished treatment manual.

Pelham, W. E., Massetti, G. M., Wilson, T., Kipp, H., Myers, D., Newman Standley, B. B., et al. (2005). Implementation of a comprehensive schoolwide behavioral intervention: The ABC Program. *Journal of Attention Disorders*, *9*, 248 – 260.

Pelham, W. E., McBurnett, K., Harper, G. W., Milich, R., Murphy, D. A., Clinton, J., et al. (1990). Methylphenidate and baseball playing in

ADHD children: Who's on first? *Journal of Consulting and Clinical Psychology*, *58*, 130 – 133.

Pelham, W. E., Wheeler, T., & Chronis, A. M. (1998). Empirically supported psychosocial treatment for attention deficit hyperactivity disorder. *Journal of Clinical Child Psychology*, *27*, 190 – 205.

Pfiffner, L. J., & McBurnett, K. (1997). Social skills training with parent generalization: Treatment effects for children with attention deficit disorder. *Journal of Consulting and Clinical Psychology*, *65*, 749 – 757.

Pfiffner, L. J., Mikami, A., Huang-Pollock, C., Easterlin, B., Zalecki, C., & McBurnett, K. (2007). A randomized, controlled trial of integrated home-school behavioral treatment for ADHD, predominantly inattentive type. *Journal of the American Academy of Child and Adolescent Psychiatry*, *46*, 1041 – 1050.

Pfiffner, L. J., Villodas, M., Kaiser, N., Rooney, M., & McBurnett, K. (2013). Educational outcomes of a collaborative school-home behavioral intervention for ADHD. *School Psychology Quarterly*, *28*, 25 – 36.

Pinkston, E. M., Reese, N. M., LeBlanc, J. M., & Baer, D. M. (1973). Independent control of a preschool child's aggression and peer interaction by contingent teacher attention. *Journal of Applied Behavior Analysis*, *6*, 115 – 124.

Pisterman, S., Firestone, P., McGrath, P., Goodman, J. T., Webster, I., Mallory, R., et al. (1992). The role of parent training in treatment of preschoolers with ADHD. *American Journal of Orthopsychiatry*, *62*, 397 – 408.

Poulton, A. (2005). Growth on stimulant medication: clarifying the confusion: A review. *Archives of Disease in Childhood*, *90*, 801 – 806.

Power, T. J., Karustis, J. L., & Habboushe, D. F. (2001). *Homework success for children with ADHD: A family-school intervention program*. New York: Guilford Press.

Prinz, R. J., & Miller, G. E. (1994). Family-based treatment for childhood antisocial behavior: Experimental influences on dropout and engagement.

Journal of Consulting and Clinical Psychology, *62*, 645–650.

Prinz, R. J., & Sanders, M. R. (2007). Adopting a population-level approach to parenting and family support interventions. *Clinical Psychology Review*, *27*, 739–749.

Reddy, L. A., Fabiano, G. A., Dudek, C. M., & Hsu, L. (2013). Instructional and behavior management practices implemented by elementary general education teachers. *Journal of School Psychology*, *51*, 683–700.

Reid, M. J., Webster-Stratton, C., & Hammond, M. (2003). Follow-up of children who received the Incredible Years intervention for oppositional defiant disorder: Maintenance and prediction of 2-year outcome. *Behavior Therapy*, *34*, 471–491.

Reid, R., Maag, J. W., Vasa, S. F., & Wright, G. (1994). Who are the children with attention deficit-hyperactivity disorder?: A school-based survey. *Journal of Special Education*, *28*, 117–137.

Reyno, S. M., & McGrath, P. J. (2006). Predictors of parent training efficacy for child externalizing behavior problems—a meta-analytic review. *Journal of Child Psychology and Psychiatry*, *47*, 99–111.

Roberts, M. W., McMahon, R. J., Forehand, R., & Humphreys, L. (1978). The effect of parental instruction-giving on child compliance. *Behavior Therapy*, *9*, 793–798.

Robin, A. L., & Foster, S. L. (1989). *Negotiating parent-adolescent conflict*. New York: Guilford Press.

Robinson, E. A., Eyberg, S. M., & Ross, A. W. (1980). The standardization of an inventory of child conduct problems. *Journal of Clinical Child Psychology*, *9*, 22–29.

Rose, L. C., & Gallup, A. M. (2006). The 38th annual Phi Delta Kappa/Gallup Poll of the public's attitudes toward the public schools. *Phi Delta Kappan*, *88*, 41–56.

Sanders, M. R. (1999). Triple P-Positive Parenting Program: Towards an empirically validated multilevel parenting and family support strategy for the prevention of behavior and emotional problems in children. *Clinical Child and Family Psychology Review*, *2*, 71 - 90.

Sanders, M. R., Montgomery, D. T., & Brechman-Toussaint, M. L. (2000). The mass media and the prevention of child behavior problems: The evaluation of a television series to promote positive outcome for parents and their children. *Journal of Child Psychology and Psychiatry*, *41*, 939 - 948.

Sanders, M. R., & Turner, K. M. T. (2005). Reflections on the challenges of effective dissemination of behavioural family intervention: Our experience with the Triple P-Positive Parenting Program. *Child and Adolescent Mental Health*, *10*, 158 - 169.

Schlientz, M. D., Riley-Tillman, T. C., Briesch, A. M., Walcott, C. M., & Chafouleas, S. M. (2009). The impact of training on the accuracy of direct behavior ratings (DBR). *School Psychology Quarterly*, *24*, 73 - 83.

Schnoes, C., Reid, R., Wagner, M., & Marder, C. (2006). ADHD among students receiving special education services: A national survey. *Exceptional Children*, *72*, 483 - 496.

Scholer, S. J., Nix, R. L., & Patterson, B. (2006). Gaps in pediatricians' advice to parents regarding early childhood aggression. *Clinical Pediatrics*, *45*, 23 - 28.

Schuhmann, E. M., Foote, R. C., Eyberg, S. M., Boggs, S. R., & Algina, J. (1998). Efficacy of parent-child interaction therapy: Interim report of a randomized trial with short-term maintenance. *Journal of Clinical Child Psychology*, *27*, 34 - 45.

Schultz, B. K., & Evans, S. W. (2015). *A practical guide to implementing school-based interventions for adolescents with ADHD*. New York: Springer.

Schultz, B. K., Evans, S. W., & Serpell, Z. N. (2009). Preventing failure among middle school students with ADHD: A survival analysis. *School Psychology Review*, *38*, 14 - 27.

Scotti, J. R., Morris, T. L., McNeil, C. B., & Hawkins, R. P. (1996). DSM-IV and disorders of childhood and adolescence: Can structural criteria be functional? *Journal of Consulting and Clinical Psychology*, *64*, 1177–1191.

Serketich, W. J., & Dumas, J. E. (1996). The effectiveness of behavioral parent training to modify antisocial behavior in children: A meta-analysis. *Behavior Therapy*, *27*, 171–186.

Sheridan, S. M., & Kratochwill, T. R. (2008). *Conjoint behavioral consultations: Promoting family-school connections and interventions*. New York: Springer.

Shipstead, Z., Hicks, K. L., & Engle, R. W. (2012). Cogmed working memory training: Does the evidence support the claims? *Journal of Applied Research in Memory and Cognition*, *1*, 185–193.

Simmons, D. C., Fuchs, L. S., Fuchs, D., Mathes, P., & Hodge, J. P. (1995). Effects of explicit teaching and peer tutoring on the reading achievement of learning-disabled and low-performing students in regular classrooms. *Elementary School Journal*, *95*, 387–408.

Sleator, E. K., Ullmann, R. K., & Von Newmann, A. (1982). How do hyperactive children feel about taking stimulants and will they tell the doctor? *Clinical Pediatrics*, *21*, 474–479.

Sonuga-Barke, E. J. S., Brandeis, D., Cortese, S., Daley, D., Ferrin, M., Holtmann, M., et al. (2013). Nonpharmalogical interventions for ADHD: Systematic review and meta-analyses of randomized controlled trials of dietary and psychological treatments. *American Journal of Psychiatry*, *170*, 275–289.

Sonuga-Barke, E. J. S., Daley, D., & Thompson, M. (2002). Does maternal ADHD reduce the effectiveness of parent training for preschool children's ADHD? *Journal of the American Academy of Child and Adolescent Psychiatry*, *41*, 696–702.

Steege, M. W., & Watson, T. S. (2009). *Conducting school-based functional behavioral assessments: A practitioner's guide* (2nd ed.).

New York: Guilford Press.

Stichter, J. P., Lewis, T. J., Whittaker, T. A., Richter, M., Johnson, N. W., & Trussell, R. P. (2009). Assessing teacher use of opportunities to respond and effective classroom management strategies: Comparisons among high- and low-risk elementary schools. *Journal of Positive Behavioral Interventions*, *11*, 68 – 81.

Stokes, T. F., & Baer, D. M. (1977). An implicit technology of generalization. *Journal of Applied Behavior Analysis*, *10*, 349 – 367.

Stormont-Spurgin, M., & Zentall, S. (2006). Child-rearing practices associated with aggression in youth with and without ADHD: An exploratory study. *International Journal of Disability*, *43*, 135 – 146.

Stormshak, E. A., & Dishion, T. J. (2002). An ecological approach to child and family clinical and counseling psychology. *Clinical Child and Family Psychology Review*, *5*, 197 – 215.

Sugai, G., & Colvin, G. (1997). Debriefing: A transition step for promoting acceptable behavior. *Education and Treatment of Children*, *20*, 209 – 221.

Sugai, G., Horner, R. H., Dunlap, G., Hieneman, M., Lewis, T. J., Nelson, C. M., et al. (1999). *Applying positive behavioral support and functional behavioral assessment in schools. Technical assistance guide 1, Version 1.4.3.* Washington, DC: Center on Positive Behavioral Interventions and Support (OSEP).

Sutherland, K. S., & Wehby, J. H. (2001). Exploring the relationship between increased opportunities to respond to academic requests and the academic and behavioral outcomes of students with EBD: A review. *Remedial and Special Education*, *22*, 113 – 121.

Swanson, J. M., Elliott, G. R., Greenhill, L. L., Wigal, T., Arnold, L. E., Vitiello, B., et al. (2007). Effects of stimulant medication on growth rates across 3 years in the MTA follow-up. *Journal of the American Academy of Child and Adolescent Psychiatry*, *46*, 1015 – 1027.

Todd, A. W., Campbell, A. L., Meyer, G. G., & Horner, R. H. (2008). The effects of a targeted intervention to reduce problem behaviors: Elementary school implementation of Check In-Check Out. *Journal of Positive Behavior Interventions*, *10*, 46–55.

U. S. Food and Drug Administration. (2011). FDA drug safety communication: Safety review update of medications used to treat attention-deficit/hyperactivity disorder (ADHD) in children and young adults. Retrieved from *www.fda.gov/Drugs/DrugSafety/ucm277770. htm*.

Vannest, K. J., Davis, J. L., Davis, C. R., Mason, B. A., & Burke, M. D. (2010). Effective intervention for behavior with a daily behavior report card: A meta-analysis. *School Psychology Review*, *39*, 654–672.

Visser, S. N., & Lesesne, C. A. (2005). Mental health in the United States: Prevalence of diagnosis and medication treatment for attention-deficit/ hyperactivity disorder—United States, 2003. *Morbidity and Mortality Weekly Report*, *54*, 842–847.

Volpe, R., & Fabiano, G. A. (2013). *Daily behavior report cards: An evidence-based system of assessment and intervention*. New York: Guilford Press.

Vujnovic, R. K., Fabiano, G. A., Morris, K., Norman, K. E., Hallmark, C., & Hartley, C. (2014). Examining school psychologists' and teachers' application of approaches within a response to intervention (RTI) framework. *Exceptionality*, *22*(3), 129–140.

Walker, H. M. (2015). Perspectives on seminal achievements and challenges in the field of emotional and behavioral disorders. *Remedial and Special Education*, *36*, 39–44.

Walker, H. M., Colvin, G., & Ramsey, E. (1994). *Antisocial behavior in school: Strategies and best practices*. New York: Wadsworth.

Walker, H. M., & Eaton-Walker, J. (1991). *Coping with noncompliance in the classroom*. Austin, TX: PRO-ED.

Walker, H. M., Ramsey, E., & Gresham, F. M. (2003). *Antisocial* behavior in schools: Evidence-based practices. New York: Cengage Learning.

Walker, H. M., Severson, H., & Feil, E. (2014). Systematic screening for behavior disorders (2nd ed.). Eugene, OR: Pacific Northwest.

Walker, H. M., Severson, H., Seeley, J., Feil, E., Small, J., Golly, A., et al. (2014). The evidence base of the First Step to Success early intervention for preventing emerging antisocial behavior patterns. In H. M. Walker & F. M. Gresham (Eds.), Handbook of evidence-based practices for emotional and behavioral disorders: Applications in schools (pp. 518 – 534). New York: Guilford Press.

Waschbusch, D. A., Cunningham, C. E., Pelham, W. E., Rimas, H. L., Greiner, A. R., Gnagy, E. M., et al. (2011). A discrete choice conjoint experiment to evaluate parent preferences for treatment of young, medication naïve children with ADHD. Journal of Clinical Child and Adolescent Psychology, 40, 546 – 561.

Webster-Stratton, C. (1997). The incredible years: A trouble-shooting guide for parents of children aged 3 – 8. Toronto: Umbrella Press.

Webster-Stratton, C. (2005). The incredible years: A training series for the prevention and treatment of conduct problems in young children. In E. D. Hibbs & P. S. Jensen (Eds.), Psychosocial treatments for child and adolescent disorders (2nd ed., pp. 507 – 555). Washington, DC: American Psychological Association.

Webster-Stratton, C., Reid, J. M., & Hammond, M. (2004). Treating children with early-onset conduct problems: Intervention outcome for parent, child, and teacher training. Journal of Clinical Child and Adolescent Psychology, 33, 105 – 124.

Webster-Stratton, C., Reid, J. M., & Stoolmiller, M. (2008). Preventing conduct problems and improving school readiness: Evaluation of the Incredible Years Teacher and Child Training Programs in high-risk schools. Journal of Child Psychology and Psychiatry and Allied Disciplines, 49, 471 – 488.

Wells, K. C., Chi, T. C., Hinshaw, S. P., Epstein, J. N., Pfiffner, L. J., Nebel-Schwain, M., et al. (2006). Treatment-related changes in objectively measured parenting behaviors in the multimodal treatment study of children with ADHD. *Journal of Consulting and Clinical Psychology*, *74*, 649 - 657.

Wells, K. C., Pelham, W. E., Kotkin, R. A., Hoza, B., Abikoff, H. B., Abramowitz, A., et al. (2000). Psychosocial treatment strategies in the MTA study: Rationale, methods, and critical issues in the design and implementation. *Journal of Abnormal Child Psychology*, *28*, 483 - 505.

White, M. A. (1975). Natural rates of teacher approval and disapproval in the classroom. *Journal of Applied Behavioral Analysis*, *8*, 367 - 372.

Witt, J. C., & Elliott, S. N. (1982). The response cost lottery: A time efficient and effective classroom intervention. *Journal of School Psychology*, *20*, 155 - 161.

Wolraich, M. L., Wilson, D. B., & White, J. W. (1995). The effects of sugar on behavior or cognition in children: A meta-analysis. *Journal of the American Medical Association*, *274*, 1617 - 1621.

Zentall, S. S., & Goldstein, S. (1999). *Seven steps to homework success: A family guide for solving common homework problems*. Plantation, FL: Specialty Press.

Zuvekas, S. H., Vitiello, B., & Norquist, G. S. (2006). Recent trends in stimulant medication use among U. S. children. *American Journal of Psychiatry*, *163*, 579 - 585.

译后记

　　破坏性行为障碍儿童并不是真正的"坏小孩"或"不听话的孩子"，我们需要给予他们更多的关注、引导和干预，来帮助他们回归正常的生活。本书介绍了破坏性行为障碍的理论基础、实践原则和评估干预体系。更重要的是，本书也详细介绍了家长、学校、教育工作者及社区如何参与破坏性行为障碍的干预和评估。本书作者想要传达的一个重要理念是，干预的目的应以儿童发展的正常功能为导向，旨在让破坏性行为障碍儿童更好地适应生活，而不是将这些儿童标签化并归入某种类别。与此同时，本书作者还描述了干预中家长、学校和社区整合体系的重要性，突出了预防应在整个干预体系中发挥的重要作用。

　　本书前三章主要介绍了破坏性行为障碍的概念、历史、当前分类诊断的困境，并针对性地提出采用以功能为主的诊断方法来促进治疗和评估的有效整合。在第三章，作者介绍了干预评估的两种方法，强调在实践工作中评估和干预的一致性，为干预提供有效信息来帮助修补和重建功能性问题。在第四章和第五章，作者分别介绍了家长和学校教育工作者针对破坏性行为障碍儿童可以使用的干预策略和措施。第六章和第七章则分别介绍了如何培养适应技能，以及如何泛化和维持干预效果。第八章介绍了药物使用的相关专业性建议。本书最后两章介绍了另外几种可以参考的破坏性行为障碍干预策略，如父亲参与干预，以及如何将学校、家长和社区整合起来进行系统化、多层次的预防和干预等。

值得注意的是，本书虽然主要针对破坏性行为障碍儿童，但其中提及的部分行为干预策略和措施也适用于正常儿童的教育和指导，可以为广大家长提供重要参考。例如，在讨论家长行为训练时，本书作者强调父母（尤其是母亲）的心理健康状况对儿童干预效果的重要性。另一个例子是，在发布指令时，家长和教育工作者最好在每个指令之间停顿 5～10 秒，这样可以帮助儿童充分消化和理解指令的内容，并有足够的时间去执行指令。

对破坏性行为障碍儿童的干预不是一蹴而就的，正如本书作者在第九章和第十章中讲到的，它需要家长、教育工作者、学校和整个社区长期的协同、坚持不懈和积极关注，同时我们也要对此充满信心。希望本书的翻译可以为国内参与破坏性行为障碍诊断与干预的各个环节的家庭、一线教育工作者、学校、社区及教育方针政策制定者提供理论与实践上的参考和启发。本书的翻译过程对我个人而言也是一个珍贵的学习机会，我从中获得许多关于如何帮助儿童健康成长的专业知识及实践经验。

在本书的翻译过程中，香港科技大学的程琛博士和我的研究生彭雅婷、方韵昕、庞坤珍、叶晗婧也参与了大量工作，她们在翻译、互校和讨论过程中付出了许多心血。限于水平，我们在术语翻译和作者写作风格的把握等方面肯定有不妥之处，希望读者予以指正。

丁雪辰

2022 年 7 月

上海市版权局著作权合同登记章　图字：09-2018-045号

图书在版编目（CIP）数据

　　破坏性行为的干预：减少问题行为与塑造适应技能 /
(美) 格雷戈里·A.法比亚诺 (Gregory A. Fabiano) 著；
丁雪辰, 程琛译. -- 上海：上海教育出版社, 2022.11
　　（学校心理干预实务系列）
　　ISBN 978-7-5720-1771-1

　　Ⅰ.①破… Ⅱ.①格… ②丁… ③程… Ⅲ.①问题儿
童 – 儿童教育 – 研究 Ⅳ.①G766

　　中国版本图书馆CIP数据核字(2022)第245871号

责任编辑　徐凤娇
封面设计　郑　艺

学校心理干预实务系列
李　丹　主编
破坏性行为的干预：减少问题行为与塑造适应技能
(美) 格雷戈里·A.法比亚诺 (Gregory A. Fabiano) 著
丁雪辰　　程琛　译

出版发行　上海教育出版社有限公司
官　　网　www.seph.com.cn
地　　址　上海市闵行区号景路159弄C座
邮　　编　201101
印　　刷　上海叶大印务发展有限公司
开　　本　890×1240　1/32　印张 8.5
字　　数　168 千字
版　　次　2023年4月第1版
印　　次　2023年4月第1次印刷
书　　号　ISBN 978-7-5720-1771-1/B·0041
定　　价　49.00 元

如发现质量问题，读者可向本社调换　电话：021-64373213